# 云村重建纪事

## 一次社区自组织实验的田野记录

罗家德　孙瑜　楚燕　著

社会科学文献出版社

SOCIAL SCIENCES ACADEMIC PRESS (CHINA)

感谢清华大学·野村综研中国研究中心提供经费支持"清华大学可持续性乡村重建模式比较研究"，同时感谢"两岸清华合作研究计划——两岸灾后小区重建模式的试验与实验：以鹿谷及汶川为对象"提供的帮助，使笔者得以收集资料并完成写作；同时感谢信义房屋企业集团支持清华团队成立清华大学社会科学学院信义社区营造研究中心，提供社区营造系列书籍的研究经费及出版经费。

同时还要感谢南都基金会对清华大学可持续性乡村重建团队提供的经费支持和对村庄重建提供的钢材支援；感谢欧特克公司提供的钢材援助。

当然最要感谢的首先是侯新渠，她对本书第二章到第五章的文字进行了润色，并对这部分的结构安排给出了建设性的意见；还要感谢对本书理论写作部分有很大贡献的李智超。另外就是一群可爱的志愿者——陈银燕、巴扬、彭思乾及其绵阳正轩文化的弟兄们、杨骞、谢朝霞、熊兰、何坤、何珊珊等，他们在灾区的余震中进进出出，在艰苦的灾后乡村里生活做事，让我们看到神州大地上志愿者精神的觉醒。而这段时间的生活经历也让他们的青春没有留白。

清华大学社会学系获得台湾信义房屋企业集团周俊吉董事长的支持成立了信义社区营造研究中心，有意将台湾地区的社区营造经验整理出来供大陆参考，本书由社会科学文献出版社支持出版。社区营造的经验是台湾这些年来最值得讨论的空间与社会、专业与政治的课题，值得写几句话作为两岸社会之间互动的寄语。

就一个发展中地区而言，台湾原本在欧美1960年代社会运动的历史脉络下形成的社区设计（community design）中是没有实践的历史条件的，社区营造政策的建构在台湾有特定的政治空间。20世纪90年代，因为政治强人过去之后国民党内高层的权力斗争，使得时任领导人需要获得草根社会的支持力量来取得政治上的正当性。当时的"文建会"副主委陈其南所主导推动的"社区总体营造"政策遂取得了政治的空间来面对政治民主化过程中所释放的台湾社会的力量，可以说当局以政策来面对已经动员了的社会。这种由上而下的社区营造政策的执行过程对当时台湾发生的社区运动虽然存在社会力量被当局收编的效果和官僚机构执行的形式化后遗症，但是，台湾的草根社区也终究有机会参与到地方环境改善的决策过程中了。社区营造，其实就是社区培力与维权（community empowerment）。

对台湾当局而言，社区营造是提供资源，收编社区动员，交换地方治理的经验，建构新的当局与民间关系的一种政策手段。这时，对台湾草根社区的考验，就在于他们与当局的关系是否会像一般的发展中国家和地区的社会动员那样，最终交付政治上的忠诚，交换选票或资源，而这样做就会继续复制父权文化的不平等关系。

所以，对台湾的社会而言，关键在于社区动员与社区培育的过程中，如何有机会建构社区的主体性，使其知道自己的位置与角色，避免民粹政治下政党领袖的政治收编，也避免社区内部单方面竞争资源而造成的分裂。这是市民社会建构的必要过程，甚至，也让市民社会有可能进一步穿透政府的层级治理。于是，当这种层级治理的正当性不再，社会运动提供了社区参与的机会与折冲斡旋的政治空间，这就是参与式规划与设计的过程。政府与民间的关系，历史上第一次开始变得平等，也因此，公共空间的营造特别值得分析。

对于空间规划与设计的相关专业者而言，社区营造提供了一种社会学习的机会，使其能脱离现代学院的封闭围墙与现代设计专业中形式主义的陷阱。这些专业者通过与民间社会的互动得以回到历史的中心。社区营造过程中的社会建筑，有助于市民社会的形成。

台湾大学建筑与城乡研究所名誉教授夏铸九

2013 年 5 月于河南嵩山会善寺

什么是社区营造？我以为其定义就是一个社区的自组织过程，提升社区内的集体社会资本，以达到自治理的目的。

现在我们常常喊社会管理创新，喊社会建设，但如何才能把社会建设落到实处？我认为，就是要让民间产生很多自组织小团体，让这些自组织小团体既能自我治理，自己解决很多社会问题，又能在大集体中和谐共存，协商解决矛盾。其中社区是最重要的自治理小团体，我们的社区自组织研究旨在提供一个将社会建设落到实处的方法。

我们今天看到的许多社会问题在 20 世纪的各国都曾发生过，英国、美国、日本等，凡是经历了现代化、全球化、城市化、资本主义化和市场化的国家，都走过和中国同样的社会转型之路。这让我们发觉工业时代的管理手段解决不了复杂的社会问题。那么他们是怎么走出来的呢？

20 世纪 90 年代台湾地区也面临这样的社会转型，我认为有两个最重要的社会建设帮助了转型，一个是职业社群的自治理，如建立教授学术伦理、律师法治伦理、医生医德、媒体新闻伦理等。另一个就是社区营造运动，使基层百姓学习如何自治理、自组织以解决问题，通过民主协商实现多元包容、和谐相处。这个运动影响了很多人，也对台湾地区的政治和社会发展起到了非常关键的作用。

社区营造就是要政府诱导、民间自发、NGO 帮扶，使社区自组织、自治理，自我解决社会福利、经济发展、社会和谐的问题。

首先，现代社区有大量的对养老、育儿、抚残、儿童教育、青少年辅导、终身学习的需求，政府能做的是"保底"，一碗水端平地保障每个人的最基本需求得到满足，但杯水车薪不足以满足整个社会的需求，所以能提供这些社会福利的正是社区自身。最关心孩子的是自己的父母，最关心老人的是自己的儿女，如何让他们走出家门，结合起来，一起提供这些福利"产品"，是社区营造的第一要务。

其次，乡村的社区营造在很多地方发展出后现代的小农经济，注重文化多样性、社区生活重建、生态保育等几个方面，发展品牌农业、特色农业、观光农业、食材特供基地、休闲旅游、深度旅游等。这拉近了城乡间的差距，在部分地区解决了乡村空心化的问题，为新城镇化找到城乡平衡发展的道路。我们现在习惯把三农问题称为问题，其实恰恰相反，三农不仅不是问题，反而是未来产业发展的重大宝库。

再次，社区营造的另一个重点是它可以保存中华文化基因的多样性，只有保留了社区，多元化的中华文化才有实质内容，而不是博物馆中的摆设。政府与商业主导的开发常常把社区连根拔起，连带拔起的是孕育几百年甚至几千年的文化。只有我们把社区营造这个维度加进去，社会应用自有的管理与组织才能抵御商业对本地固有生活的侵蚀，中华文化基因的多样性才能被保存，我们的文化创意产业才会有根底。

最后，也是最重要的，道德复兴不是喊喊口号或说教就能得到的，只有在小团体的声誉机制及监督机制中，在自治社群内的日常生活里，相互监督、相互惕厉下，道德原则才能化成不同群体的非正式规范，现代生活的伦理才能落地。

一个和谐社会需要解决众多的民生问题，缩小城乡的收入差距，保持和而不同的多样性，建设符合现代生活的伦理，这就是在每一个社会转型过程中，社区营造是那么重要的原因。

清华大学社会科学学院社会学系教授、
信义社区营造研究中心主任罗家德 2013 年 6 月于清华园

# 前言

2008 年 7 月，我们清华团队因为四川汶川大地震的灾后重建需求而来到了位于震区的一个羌族村庄，自此就没再离开。作为学者，我们也带着学术兴趣来到灾区，因为辅助重建的干预正好就是一次社会实践。从干预的一个个的事件中，学者可以观察到人与社群的行为、行为如何改变，以及行为的种种后果，同时资料的整理可以对理论有所印证有所发现，因此也就有了本书的书写。依照社会科学研究中的匿名原则，我们为这个村庄取了一个代称——云村。

那么本书中我们的理论兴趣是什么呢？

我们研究的主要旨趣是社区中的自组织。通过观察民间与政府合作从事灾后乡村的社区重建过程，我们发现一个乡村社区是否能发挥自身的力量，最主要就是看其是否有自我组织、自我管理的能力。我们想知道，在重建的过程中，一个又一个的事件如何促进或破坏了乡村的自组织能力？

为解决这一问题，本书的第一章首先从专业理论出发解释了何为自组织。自组织是一个团体从无序走向有序的过程，这一过程建基在情感、认同、共同志业的"情感性关系"之上，一个多数人相互认识或间接认识的圈子，因为共同的利益而自愿结合起来，被赋予一定自治的权限，自定规章与规范，相互监督，从而自我形成小团体内的秩序。对于这类团体我们也称之为社群，社群的本质是一个个以情感性关系——亲情、友情、爱情，以及认同性关系——共同志业理想、共同记忆、共同背景为基础的知根知底的小团体。在知根知底的小团体中，由于信息不对称问题较少，所以声誉机制的评价会变得可以信赖。小团体发展出自治理的规则以及监督机制，自组织出能自治理的社群，如商业协会、职业协会、NGO、网上网下的俱乐部、社区协会、合作社等，其中地理性社群就是社区。因为它建基在关系上，所以也有本土心理学家称之为"关系主义"。为了小团体长久地可持续发展，它需要志愿者精神，即有社群成员自愿出面召集大家，主持大家的讨论，并监督小团体执行自定的规章制度的情况。

本书的第二章介绍了云村的自然环境和文化特色以及如何走上整村重建之路。着重叙述了在长期的生产生活中形成的"换工"等社群内合作的规范，在之后的重建中发挥了重要的作用。震后云村的大部分村民在村支书的发动下达成了在河谷地区进行整村重建的共识。当我们团队带着生态农房的技术、可持续重建的理念以及社会组织的物质资助来到这个村庄时，村支书进一步发挥了能人的作用，积极促成了云村村民与我们这支外来团队的重建合作。至此，自组织的第一步——一个有共同目标的合作团体已建立，接下来合作团体开始着手为实现共同目标而采取集体行动。

在第三章中，我们展示了自组织的合作规范如何逐步建立以及随着重建自组织不断调整、变化的过程。在此过程中，村民对能人的信任以及村庄内部的信任也在发生微妙的变化，尤其当外部物资使用完毕，需要投入私产进行房屋建设时，自组织的规则中出现了自由选择的局面。而当市场力量介入时，自组织内部能人的声誉机制遭受挑战，社区内的社会资本有所下降。

在第四章、第五章中笔者考察了当外部的政治力量逐渐介入村庄重建阶段时，自组织的内部行动结构遭受了很大的挑战，包工队入村、形式上的以工代赈、统一风貌改造等，打破了村民之前建立起的合作规则，也使资源的分配出现了失衡。但最终，云村还是按照行政命令规定的日期完成了整村的建设。在第五章中有我们团队在村庄落成半年后重访云村的记录，向读者展现了一个生活在光环之下的新云村。

在之后第六章的理论分析部分，笔者通过这个自组织过程的展示以及本团队的研究积累而提炼出社区自组织研究架构。自组织的过程带来了自治理机制中必需的、最重要的信任机制、声誉机制以及互惠机制，从而有了相互监督机制，这些保障了以后自定规章执行的顺利。一次又一次的动员过程会导致自组织社会网的扩张与改变，而这张社会网内的社会资本，包括它的结构（封闭性、密度、关系强度）、社会网的动态性（整个团体的动员和内部互动过程）、团体成员的认同，以及共同遵守的"乡规民俗"，都是型塑信任、声誉、互惠与监督机制的关键。

第七章和第八章重点阐释了能人的关系网络、动员过程如何帮助社群认同和信任的形成，以及信任又是如何被破坏的。云村的能人是政治、经济和社会三合一的能人，同时扮演着"国家代理人"和"村落代言人"的角色，他以既有的政治组织建立重建过程中的关键群体，同时用滚雪球式的动员方式发动了全村近四分之三的村民加入了重建的"换工"合作之中，并成为被大家信任的第三方，促成了合作，共同协商出各类"换工"的操作规则。只是在自组织过程中，村民对能人们以及村庄内部的信任也在发生微妙的变化。随着人情的困境以及外在环境的不断变化，云村的自组织规则无法随之变化，而终致信任机制出现危机。

第九章分析了云村重建自组织的这一动态进程。当进入村民投入私产、市场以及行政力量介入等阶段，云村原有的自组织规则受到破坏，一直推动重建的能人未能及时在自组织中协调出新的行动规范，因此云村重建自组织的稳固和发展面临很大挑战。

在第十章中，我们通过与云村周边地区几类能人案例、中外协会能人案例进行比较，对本土的乡村自组织特征进行了总结。

此书从积累、整理资料到后期分析写作，已过去了将近六个年头。我们不仅希望这本书能成为本团队自组织研究的阶段性总结，也希望以这种方式为我们走过的这段带有一定理论关怀的社会实践之路留下纪念，并自我期许这条路我们会坚持走下去。

## 第一编　一个灾后重建的自组织研究 / 1

第三编 **云村对自组织研究的启示** / 163

第一编

一个灾后重建的自组织研究

# 第一章

# 我们的理论兴趣
## ——自组织研究

## 一 什么是自组织?

自组织是一个动词,指涉的是一个人数有限的团体(通常为50~1.5万人)通过建立自治理机制,而使团体从无序走向有序。本文有时也将自组织当名词使用,指涉的就是自治理团体,而用来指涉治理机制时,它就是自治理机制(self-governance mechanisms;Ostrom,1990)。与自组织的概念相对的就是他组织。他组织指的是由一个权力主体指定的一群人组织起来,以完成一项被赋予的任务。自组织(self organization)则是一群人基于自愿的原则主动地结合在一起,具有以下的特点。

(1)一群人基于情感性、认同性关系及信任而自愿地结合;

(2)结合的群体有集体行动的需要;

(3)为了管理集体行动而自定规则、自我治理。

在管理学中多半用网络(network)一词来表示自组织概念

（Williamson，1996；Powell，1990），指一群人或组织自我结合成整个价值链时，会形成网络的结构。社会学中多半使用社群，而我们在本书中使用自组织这一概念。

自组织并非社会科学概念，而是热力学概念。普里高津研究系统的耗散结构时（Prigogine，1955）首发其凡。随后德国哈肯（Haken，1983；2004）研究激光理论，开启“协同学”（synergetics）研究，也使用了这一概念。继之，自组织研究在生物进化、生态学、脑神经医学等领域都取得了很大进展。诺贝尔经济学奖得主艾罗和诺贝尔物理学奖得主安德森与葛尔曼一起合作成立的圣塔菲研究院（Institute of Santa Fe），主要研究的就是复杂系统，尤其是自组织的现象。

同样的自组织与结构化现象也出现在社会、经济之中。华兹与史楚盖兹（Watts & Strogatz，1998；Watts，2003）这两位物理学家在研究晚上青蛙的叫声为什么最后会变成和声，萤火虫为什么最后会一起发光时发现，青蛙叫声的互动网络与人际互动网络十分相像，都是米尔格兰（Milgram，1967）提出的“六度联结的小世界”，他们把成果发表在最有地位的科学期刊《自然》（*Nature*）上（Watts & Strogatz，1998），以及美国社会学期刊 *American Journal of Sociology* 上（Watts，1999），最终引爆了复杂网在社会科学研究中的导火索。

格兰诺维特（Granovetter，1985）所说的“低度社会化观点”将人比作水蒸气状态，每一个人都是自由分子在空间中随机运动，踫上任何人都可以产生互动。“过度社会化观点”又认为人好像固态的冰，所有的动能都不见了，没有能动性的个人只有非常有限的自由，在场力形成的铁栏内处处受制。而实际的社会状态是，人在这些不同状态中不断转变，大家既受场力的束缚，也有能动性，可以集合起来，自组织出一些固定的结构。

尽管自组织并非在中国首先提出的概念，但自组织现象是解释中国组织问题和中国管理行为的关键。中国组织中总是充满了各种独立单位，在内部如挂靠、承包、独立团队、内部创业，在外部则有商帮、外包网络、小企业集群等。那么，为何会这样呢？现实中大量的自组织现象实际上源于中国人的传统心理。中国人普遍存在一种"宁为鸡首，不为凤尾"的心理，即总是希望能够占到属于自己的"一亩三分地"。拥有属于自己的团队和事业，这是中国人最重要的工作动机。因此，在自己的"一亩三分地"尚未取得时，中国人可以很努力地工作，加入别人的圈子，帮别人"捧场"，积累人脉（或者叫个人社会资本）（罗家德，2006；Lin，2001）。为了有朝一日能够打造属于自己的团队，中国人甚至可以忍耐很多年。中国人的这种心态造成了中国组织中容易出现富有活力的独立小团队。小团队内部及彼此之间相互联结，进而又形成了网络结构，这就是为什么汉米尔顿（Hamilton，1990）称中国为网络式经济。

自组织的产生包括两个阶段：首先是一群人形成小团体。其次，这个小团体包含特定目的，并为了这个共同目标进行分工合作、采取行动。唯有当小团队进入自我管理阶段，能自发地为同一目标行动时我们才称其为自组织，否则只是小团体而已。举例而言，一群有共同兴趣的朋友在闲暇时喜欢经常聚在一起，通过做娱乐活动打发时间，这种情况只是聚合成了一个小团体。然而，如果这些人有一个共同目标，如宣传环保理念，并有计划地分工组织，进行公开演讲、传单发放等活动，那么这个小团体就成为自组织。

## 二 自组织——市场与层级外的治理模式

自组织作为动词，是指形成自治理机制的一个过程，这个过程中的五个步骤正是研究自组织动态发展的五个子题。

第一步是一群人聚拢，彼此之间社会网联结增多，关系越来越紧密。

第二步是小团体的产生。随着内部的联结增多，这群人与组织内其他人的关系渐渐疏远。在这个阶段，如果用社会网分析（network analysis；Wasserman & Faust，1994）的方法进行小团体研究（clique analysis）就可以发现，这一群人内部的关系十分密，而与外部的关系则很疏，这时就可以认定这是一个小团体了。

第三步是小团体内部产生认同，内部的人开始清楚地认识到自己与团体外成员的差别，意识到自己的成员身份。

第四步是小团体形成一个共同的团队目标，并开始着手为实现这个目标而采取集体行动。

第五步是团体还会逐步演化出团体规则和集体监督机制，以确保共同目标的顺利达成。

而自组织在本书中有时作为一个名词，指的就是自治理的团体或自治理的机制，包威尔（Powell，1990）认为它不同于基于权力关系的层级治理以及基于交易关系的市场治理，是第三种治理机制。

## （一）包威尔视自组织为第三种治理模式

治理机制一直是组织研究中的重要话题，然而，之前的诸多研究，大多探讨如何在市场与层级这两种治理机制中进行选择。如以威廉姆森为代表的交易成本学派提出，交易过程中由于人为因素和交易环境的动态影响而导致市场失灵，这造成市场交易困难并进而产生极高的交易成本。交易成本的相对大小是决定治理结构形式的重要因素。威廉姆森将网络作为市场与层级的混合模式（hybrid form）。在其后，一连串的研究都将网络视为一种中间状态的组织（intermediate organization），而忽视以网络为特征的第三种治理模式的存在——自组织。

包威尔（Powell，1990）在其《既非层级也非市场》（*Neither Hierarchy, nor Market*）一文中批判了威廉姆森的观点。他认为，网络并不是一种简单的中间结构，而是包含了特殊的治理机制——信任关系。他将网络当作第三种治理机制。在网络的治理机制中，信任关系建立在相互需要的认知上，而不是建立在权威关系或买卖关系之上。信任关系所营造的交易氛围是互惠的、开放的，而非官僚式的、束缚的（如层级制），也非自由的、猜疑的（如市场）。

他进而用表1来说明三种治理机制的差异。

表 1　三种治理机制差异

| 特点 | 治理机制 | | |
|---|---|---|---|
| | 市场（market） | 层级（hierarchy） | 网络（或自组织） |
| 规范的基础 | 契约财产权 | 雇佣关系 | 互补关系 |
| 沟通手段 | 价格 | 工作流程 | 关系的 |
| 冲突解决 | 讨价还价 | 行政命令权威 | 互惠规范名声关注 |
| 弹性程度 | 高 | 低 | 中 |
| 承诺的给予 | 低 | 中到高 | 中到高 |
| 气氛 | 明确和猜疑 | 正式、官僚 | 开放、相互利益 |
| 行动者优先权 | 独立 | 依赖 | 相互依赖 |
| 混合的形式 | 重复交易，签订科层般的契约 | 有市场特性的利润中心制 | 多重合作伙伴正式规则 |

在包威尔看来，市场的主要治理机制是信息传播、价格机制以及合约，层级结构的主要治理机制是科层结构、命令系统以及公司规章，而网络结构的主要治理机制就是信任关系与协商。所以网络绝不是市场与层级的混合或市场到层级的过渡形态，而是以信任关系为核心的另一种治理机制。

## （二）格兰诺维特的镶嵌理论

格兰诺维特指出，威廉姆森的理论忽视了一个重要环节，即经济行动中存在的信任关系。格兰诺维特（Granovetter，1985；2002）的镶嵌理论指出，任何经济行动都是镶嵌在社会网络中的。一方面，对于任何一项交易而言，基本的信任是必需的，少了起码的信任，任何经济行为都不可能发生；另一方面，信任是决定交易成本的重要因素，会改变治理结构的选择。

首先，人际信任的存在是必需的，是制度无法取代的，笔者称之为"最小信任"问题（Luo & Yeh，2008）。尽管制度设计可以降低不确定性，减小交易成本，但人与人之间首先要具备最起码的信任，交易才可能发生。在缺乏信任的环境中，再多的制度设计也让人不敢交易。

其次，信任关系是可以在一定程度上替代制度的。人的机会主义倾向和有限理性会造成交易中有较高的交易成本。然而，除了用制度约束之外，人们相互之间的信任关系也能够降低这些成本。当交易双方都保持善意、高度信任对方时，过多的合约和烦琐的监督检查就变得不那么重要了。此外，在交易后的监督行为中，即便一方有违约行为，另一方也不太可能马上诉诸法律解决，而是多半会保持善意，以私下协商的方式解决，尽量通过协商的方式解决从而避免支付昂贵的律师诉讼费用（Maucaley，1963），这样能够减少大量的交易成本。

最小信任问题的提出，让我们看到了即使是市场治理与层级治理之中也有人际关系与信任在发挥作用，所以没有单纯的市场或层级治理机制，或多或少都要混合不同的治理机制。信任关系对制度的替代，则说明了在治理机制的选择上，自组织与层级制是可以相互替代的，在不同的情境下，如本章的"治理机制的理性选择"一节中所述，会有不同的"最合适"的治理机制。

格兰诺维特的分析使人们将关注点从制度、规章、成本算计转移到了人际间的关系和信任。由于信任一方面必不可少，另一方面又能够替代制度而影响治理机制的选择，所以在管理的过程中就不能只片面地依赖规章和制度，而要重视信任和关系的作用，也就是要在硬性的制度和软性的信任中间做好平衡。

## （三）自组织的行为逻辑

西方管理学界长期以来对自组织治理机制的忽视，是西方的管理思想基于理性系统之上所造成的。西方的现代管理思想是从韦伯（Max Weber）的层级制与泰勒（Taylor）的科学管理开始的（Perrow，1986），是一种以理性管理系统为主轴，不断以自然管理系统加以修正的思维（Scott，1998）。而中国管理则刚好相反，中国人总以"道法自然"的思想来看待管理法则，所以自然管理系统是主轴。与之对应，自然管理系统尊重人的社会性和非理性，强调"自然而然"形成的结构与人的自主性，所以在治理机制上主要采用网络和自组织，依靠成员间自发的合作来解决遇到的问题。因此，中国人天然就更熟悉自组织治理机制。

当然，无论是西方还是中国，都无法仅依靠单一的治理机制来完成善治，必须在各自的基础上，吸收另一机制的特性。良好的治理模式，常常是层级、自组织、市场三种治理机制的结合和互为补充。

上述三种治理机制，不仅是规则不同，其内部成员身份、运行逻辑、成本和权力的性质都有所不同。

层级制的运作主要依靠科层服从和命令系统。成员身份是集体化的，遵循权力逻辑，权力是自上而下的。层级制需要建立一套自上而下完备的科层体系，因而会产生较高的管理成本。

自组织则主要依靠成员间的合作运行，成员身份是志愿性的，遵循关系逻辑，权力是自下而上的。关系和信任是自组织的重要因素，因而为了建立和维护关系，自组织治理中会产生关系成本。

市场的运作依靠自由竞争。成员可以在市场中自由选择交易伙伴，遵循合约与交易的逻辑。权力是分散的，掌握在每个交易者的手中。市场会带来交易成本。三种治理机制特点的对比详见表2。

表2　三种治理机制特点比较

| | 市场 | 自组织（社群） | 层级（政府） |
|---|---|---|---|
| 思想基础 | 个人主义 | 社群主义 | 集体主义 |
| 权力基础 | 个人权利 | 小团体自治权 | 大集体的暴力垄断权 |
| 人性假设 | 理性经济人 | 镶嵌于社会网的人 | 社会人 |
| 关系基础 | 交易关系 | 信任关系 | 权力关系 |
| 行为逻辑 | 竞争逻辑 | 关系逻辑 | 权力逻辑 |
| 道德基础 | 守约 | 伦理 | 为大我牺牲小我 |
| 精神特质 | 企业家精神 | 志愿者精神 | 雷锋精神 |
| 秩序来源 | 看不见的手 | 礼治秩序，小团体内的道德监督 | 权威与法治秩序 |
| 适合环境 | 低频率互动、低资产专属性、低行为及环境不确定性时 | 高频率互动、高资产专属性、高行为及环境不确定性时，但交换双方行为不易于观察、衡量、统计，需要双方信任 | 高频率互动、高资产专属性、高行为及环境不确定性时，但交换双方行为易于观察、衡量、统计 |
| 追求目标 | 效率、效能 | 可持续发展 | 集体的一致性、稳定性 |

层级治理的特点是由上而下进行控制，权力来源是集体所垄断的暴力，集体可以对成员进行奖惩，集体与成员之间是权力—顺从关系，其运作逻辑是权力运作，先制定流程、规章遂进行控制，所以层级治理的特点是通过法治及权威带来秩序。

　　相反，市场治理建立在个人的权利之上，尤其是财产权与人身自主权之上，个人可以将这些权利自由交易以追求自己的最大效益，市场则是一只看不见的手，调节着供给与需求，从而产生交易的秩序。为了追求效能与效率，自由竞争的逻辑受到吹捧，个人为了追求自己的效益而发挥出最大的能量。

　　不仅是对某一具体组织的治理有这三种治理机制，对于公共事务也存在层级、市场和自组织上述三种治理机制的抉择。这时候，层级制指的就是主要依靠政府力量，自组织则指的是依赖存在于民间的各种社区与社团的社会自治团体的力量。因而，这三种治理机制又被称为"政府""社会"和"市场"。在公共管理上，一方面，市场治理常常有失败的时候，比如"新三座大山问题"（教育、医疗、住房）就是市场治理不好的例子。另一方面，政府治理也常有失败的情况，有监管不到的地方，由于很多人的行为不易于观察、衡量并统计，所以不是管不到，就是管理成本太高，比如上有政策下有对策的现象就是层级治理不好的范例（Williamson，1996）。

　　因此，市场治理与层级治理都管不好的空间就需要自组织治理。比如，最在乎消费安全的是消费者本人，所以消费者自组织起来的消费者协会可以发挥监管功能。面对社会上这么多忽悠造假的事情，律师要有律师伦理，媒体要有新闻伦理，学者专家要有学术伦理。为了让在乎自己声誉的专业人士监管自己专业内的行为，要有专业者协会，因为这些内部伦理与相互监督，可以使自组织的社群得到社群内的秩序。

## 三 自组织的行为基础

### （一）社会网的解释

自组织在中国社会中，一个重要的行为基础就是人情交换，人情交换是一种很特殊的现象。一方面，它是掩饰在情感关系之下的，因此交换双方不能明言回报，讨价还价；但另一方面，交换的双方心中都有一本"人情账"。施惠的一方不好明言，受惠的一方也不能忘记，必须记入"人情账"中，以待他日偿还（翟学伟，2005；罗家德、叶勇助，2007）。所以当施惠的一方需要帮忙时，会优先想到向受惠的一方要求帮忙，受惠的一方也会回报，以表示其知恩图报的诚意。而且这种回报可能更多，使对方又欠了人情，双方的人情账始终不能结清。由于双方追求的都是长期的关系，而不是每一次往来的"公平"，因此受惠的一方在需要更多帮助时，除了想到自己曾施惠的对象外，也会想到曾施惠于己的人。欠更多的人情没有关系，只要在长时间中有欠有还，保持"报"的规范即可（Hwang，1987），而且熟人关系反而能得到增强。正是在这种往复多次的施惠、受惠与回报的过程中，熟人连带建立起来。这种连带的演化和发展的过程中会出现抱团现象，并在某些条件下导致组织中派系的形成。

所以，自组织研究的第一步就是要问是什么样的关系使得一群人越聚越多。在中国这样一个关系社会中，自组织能否发生的关键不仅在于社区自身是否拥有基本的社会资本存量，也在于"是否存在一个或若干个民间领袖或精英"（金太军，2004），这类精英"出于社会地位、威望、荣耀并向大众负责的考虑，而不（仅仅）是为了追求（个人）物质利益"（杜赞奇，1989），扮演带头人或主持人的角色，因为生存于当地"权力的文化网络"之中，村庄能人能够有效地影响到村内其他成员的态度和行为，所以，以一个或一小群能人为核心的人情交换网络往往使自组织能够启动。能人现象证实了费孝通（1998）所言的个人中心差序格局人脉网，能人一定是在自己的人脉网中开始动员，动员过程经常就是一个能人带动了一群小能人，小能人又动员自己的人脉网，一个团体就在这样的滚雪球过程中慢慢扩张，逐渐成形。

在一定的条件下，这种基于人情交换形成的网络就会慢慢固化，成为一群人固定在圈内进行交换的小团体。在一个计算机动态仿真模型中（张佳音、罗家德，2007），作者模拟中国人的人情交换过程，发现一些很有趣的推论：第一，当资源量较为缺乏又不太贫乏时，模型中的组织较容易出现抱团现象。当资源量很丰富时，所有人较易慷慨地相互帮助，他们缺少与特定对象进行人情交换的动机，因此也难以发展出复杂的人际网络。而当资源量很贫乏时，人与人的交换趋于短期，因此也较难发展出长期交换的熟人连带关系。第二，资源分配的稳定性是资源量与抱团现象产生的调节变量。也就是说，当资源总量较为缺乏又不过于贫乏时，有利于抱团现象的产生；当资源量在个体之间的分配差异很大（方差很大）时，更容易产生派系。第三，有"西瓜偎大边"效应时容易产生抱团现象。所谓"西瓜偎大边"效应，指的是人们通常喜欢选择更受欢迎的人进行人情交换，越是有着发达人情网的人越容易与更多的人结交人情。在这种情况下，抱团现象就更容易出现。

## （二）认同——社会心理解释

小团体产生了，这群人会产生认同感，他们通过寻找一面认同的大旗合理化我群的内聚与排外，并加强彼此之间的关系。

社会心理学对于人们聚集在一起的原因的解释有很多，认为最重要的原因有两个：认同和信任。认同能够基于很多因素而建立，比如阶级、宗教、地域、地位、团队等。还有很多非先天存在的因素，也能建立认同。布迪厄（Boudieur，1984）在《区隔：趣味判断的社会批判》一书中研究文化产业的消费时指出，教育、文化产业都是用来区别内外、产生认同的工具。品味（taste）其实来自一个复杂的社会过程，它包含了对某些社会资源的把持，对某些知识的垄断，一个人的气质、教育、生活形态在他／她的文化品味中表现出来，一群人也借着品味的不同标示出与另外一群人的不同。一个社会群体会透过社会化过程将其文化符号——品味传达给其成员，因此在不同群体争取社会资源甚至支配地位时，品味变成被高举的大旗，是成员相互认同的标志。靠着消费行为所传达出来的信息，人们很快地可以找到谁是"同志"，谁是"敌人"。品味也可以传递给下一代成员，成为阶级自我复制的工具。

另一个重要的心理因素是信任。库克（Cook，et.al.，2004）在研究了很多东欧地下经济组织后发现，信任是地下经济组织运作的重要条件。在这些地下经济组织中，团体内部具有高度的信任感，成员通过建立起信任关系从事交易。中国的商帮与其相似。同时，团体会使用内部建立的一整套潜规则来对抗外面环境的压力。库克的研究表明，当只有在高度信任关系中才能从事某种活动时，所造成的结果就是形成很多小团体。认同与信任可能先于小团体而产生，比如温州商帮因地缘而产生；业界内可能有北大帮、清华帮，就是因学缘而产生的。但也有小团体先形成了，再寻找认同大旗的情况，比如一个学派，一个企业愿景，一段创造出来的"神话"，一个意识形态等。

（三）治理机制的理性选择

小团体形成了，认同产生了，会使一群人的关系网密集而长久，但只有有了集体行动的需求时，小团体才会成为自组织。

2009 年的诺贝尔经济学奖由威廉姆森（Williamson）和奥斯特罗姆（Ostram）两人共同获得。威廉姆森和奥斯特罗姆研究的都是治理理论，前者探讨的是治理的外在环境是如何影响治理机制的选择，他提出网络也是一种治理机制，这印证了后者所提出的一种崭新的公共财治理方式——自治理机制，也与我们本书谈的自组织相吻合。

威廉姆森的交易成本理论（1985）认为，交易频率、资产专属性、环境—行为的不确定性会影响治理机制的选择。当交易频率高并且交易对象的资产专属性高、环境及行为不确定性也高时，交易的不确定性大，此时交易成本太大，不适合采用市场治理，而适合采用层级制治理，将交易内化到组织内部，这样能够降低交易的风险和成本。反之，通过市场治理的方式获取资源变得更为经济。在威廉姆森的分析中，网络治理方式（如战略联盟、外包等）被首次提了出来。在组织与管理理论中，自组织被称作网络，主要指结构形态、组织方式。它只是市场和层级中间的过渡形态（Imai& Itami，1984；Hemmert，1999），如图1所示，它是一种居于中间的选择，而且是不稳定的，容易滑向两端。

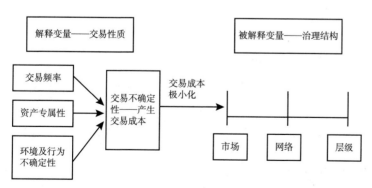

图1　威廉姆森的治理机制模型

然而，如前所述，包威尔明确提出，网络不是层级和市场的中间形态或过渡形态，而是一种新的第三种治理模式，与层级或市场相比，它具有独特的治理机制、内部运行逻辑和规则。

格兰诺维特的镶嵌理论（embeddedness，Granovetter，1985）指出，威廉姆森的分析忽略了一个重要的因素，即人与人之间的信任。员工之间的不信任和内斗实际上占管理成本的比重很大。信任可以大大降低组织内的管理成本，从而改变对治理机制的选择。我们引申其意为，当信任的供给充裕时，层级治理未必是好的选择，而以信任为基础的自组织治理才是交易成本最低的选择。

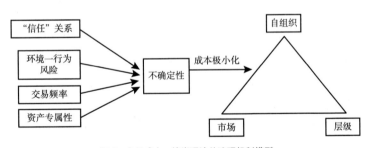

图 2　交易成本—镶嵌理论的治理机制模型

在前面这些研究的基础上，罗家德与叶勇助（2007）提出了交易成本—镶嵌解释架构[①]，在威廉姆森交易成本理论模型中，增加了信任这个变量作为治理结果选择的前提条件。当不确定性高时，如果人

---

[①] 关于此一解释架构的详细解说请参考罗家德、叶勇助的《中国人的信任游戏》（社会科学文献出版社，2007）一书。

**云村重建纪事** 一次社区自组织实验的田野记录

际信任也高，那么此时治理机制的选择不必然要内化到组织中成为组织内交易，而可以采用自组织的方式，运用信任关系和协商机制来降低交易成本。

基于这些理论的综合，非常简单地说，当一笔"交易"的供给与消费双方的需求很强，同时信任的供给也充裕时，自组织成了最好的治理选择。简单归类一下，当"交易"有下列特性时，那么自组织是最好的选择。

第一，行为不确定性高——很难用可观察到的评量工具收集绩效指标，尤其难以用统计数字说明绩效。

第二，产品是多区隔的，甚至是一对一的。这需要大量的细致入微的信息，因此不利于层级制的信息传递，而适合相对独立的团队直接面对消费者，随机做出决策以满足多样化的需求。

第三，产品是感受性的，同样，这种情况需要对消费者有非常细致的观察，因此适合相对独立的团队直接面对消费者。

第四，产品是合作性的——要供给及消费双方合作，产品才能产生效用，两者间的信任因此至关重要，如教育、医疗、社区治安等。

第五，环境高度不确定，容易出现信息不对称，但又需要随时应变。

第六，交易双方没有利益冲突，比如一些对赌的金融产品就会破坏信任。

第七，信息高度不对称，例如律师、会计师、知识产业研发人员之间的专业知识差距很大，消费者很难全懂。

当一笔交易有了这些性质时，那么它需要较强的人际信任才能完成，如果刚好信任的供给也充足时，此时最好的治理机制不是层级，而是自组织。如果人际信任不足，一定要用制度去规定所有"交易"行为的细节时，那么在层级制中，管理成本会极其高昂。

根据这一理论，我们可以探讨当下一个十分重要的话题，那就是奥斯特罗姆在长期研究公共财的提供时所发现的自组织的重要性。下面我们以她的一个具体案例来探讨自组织治理的选择。

奥斯特罗姆（Ostram，1990）研究了大城市中警察局的运作。她发现，警察局提供的服务可以分为两种类型：一种是直接服务，如地区的巡逻等。这种服务需要耗费大量的人力，通常需要公民的协作配合，而其产出则往往难以衡量。另一种是间接服务，包括相关的专业培训、犯罪实验室分析和派遣服务等。这种服务的性质更加专业，前期所需要的时间和资金投入更多。奥斯特罗姆通过研究验证了直接服务供应中的多中心理论，即当大城市将警察权力下放，使其不再隶属于几个大机构，而是变成许多小规模的组织，并受地区委员会管理时，警察局直接提供服务的效果变得更好。

这个现象能用交易成本—镶嵌理论很好地解释。第一，直接服务的行为不确定性高。直接服务主要由基层警察提供，由于对其产出很难清楚地衡量，所以上层很难了解实情，很容易出现警察"吃案"（对于案件瞒而不报）的现象。在这种情况下，层级管理很难对警察服务的质量做出准确评估，而真正知道的只有消费者，即社区的居民。因此，需要用自组织的方式治理，由社区自组织就近观察警察表现，并给予评价。当采用自组织的治理方式，将对警察的监管权下放到地区委员会时，居民就能够对警察服务的质量做出有效评估，因此能更有效地激励警察改善服务质量。

第二，警察服务地区资产专属性高。直接服务要求警察经常在街区巡逻和提供服务，因此需要警察熟知当地状况。隶属于地区的小警察局能够很好地掌握自己所在片区的情况，从而更好地提供服务。

第三，警察的许多服务需要得到社区居民的配合才能开展，因此社区参与需求高。分散的小警察局有利于警察与当地居民熟悉和建立信任关系，有利于警察开展工作。

由于上述三个原因，警察机构更适合采用自组织的方式，让警察受社区监督。相反，如果采用大规模的层级制治理方式，由上层机构严格监管，管理机构既无法掌握基层的真实情况，其命令又难以得到地方居民的配合，消费者的满意度一定会大打折扣。

## 四　市场、政府和自组织间的平衡

在社会治理的相关研究中，早已有了很多理论采用了自组织概念，并做出相应的阐述。下面我们想借用林南（2009）的理论，来说明在公共治理问题上社会学的传统理论和观点。大部分社会学家认为，在公共治理中应该有三种力量同时存在，即政府、市场和社会。唯有三种力量呈鼎立之势、共同发挥作用时，社会才能稳定、和谐发展。林南将这三种力量分别称为"政权""民权"和"社权"。所谓政权，指的是政府自上而下的一套官僚体系；民权，个人权利，主要是指财产权，即人们在市场上自由交换的权利；社权，即社群权力，指的是自组织形成的社群所拥有的权力，也称社会力（social force）。

形成社会力的社群种类有很多。具体而言，在我们的社会里，社群包括NGO、兴趣团体、网络虚拟团体、职业团体、行业团体和城市的社区或乡村自治团体等。比如，在未来社会中，网络虚拟团体是一个最重要的自组织形态，他们在网下会有网聚等现实行动，前往四川赈灾的"驴友会"就是这样性质的组织。"驴友会"是一群爱好旅游的人结成的组织，平时在网上交流心得感受，有空闲时则结伴去旅游。汶川大地震后，许多"驴友会"的成员也组织起来协助灾后重建，部分成员捐钱捐物，部分成员则将自己的假期积攒起来，亲自到灾区参与当地的重建事业。这种社群行动的力量就是社会力的一个代表案例。

又如，另外一种社群是行业团体。罗家德与叶勇助（2007）在对高科技制造业的管理者访谈时他提到这样一种说法："这个行业就是一个小圈子，所谓的玩家不过就那么几百号人。"正因为这样，在这个行业里，谁干了坏事，或者哪家的品质不好，哪家做人刻薄，内部人都会知道。因此，行业团体实际上发挥了内部监督的作用。还有，地域团体，比如农村的村落、宗族，城市中的社区等，也可能自组织成社区。

管理学家明茨伯格（Mintzberg，2009）强调，优良的社会治理需要三种模式：市场、政府和社群（community）。三者相互平衡社会才

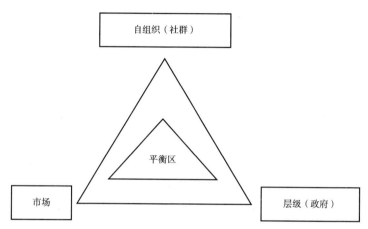

图 3　三种治理机制的关系

能健康运行。他在人民大学 CMPM 课程开学典礼上做专题演讲时指出，苏联解体后，美国右派学者曾一度欢欣鼓舞。日裔学者福山（福山，2003）在 20 世纪 90 年代初写了一本书叫《历史的终结与最后一人》，认为人类历史发展到现在已经达到了最高境界，所有的大问题都已经被美国用"民主政治加资本主义制度"的方式解决，剩下的事情都已经无关紧要了。这本书出版后引起了不小的轰动，也受到了很多学者的批判。几年后发生的一系列重大事件，如"9·11"事件、2008 年金融危机等都说明了福山判断的错误。

究其实，明茨伯格以为苏联解体的真正原因并不在于社会主义制度，而在于政府、市场和社会三种力量失衡。美国的发展恰恰是由于其具有强大的自我调适功能，能够主动吸收社会主义制度中的诸多优点，如社会福利制度等。而苏联则过于强调政府力量，消灭了市场和社区，只剩下了中央计划、政府管控的单一力量。苏联的计划经济体制取消了市场，一切依靠行政调控和配额，这一方面带来了巨大的管理成本，另一方面也造成了资源配置的无效率。历史上俄罗斯人大多是东正教信徒，教堂和宗教组织在协调社区事务上发挥了重要的作用。苏联时期，一切都由国家指挥，压抑了自组织的自由。这样一个完全由政府控制的国家，最后一定会出现失衡和各种问题。随着官僚系统越来越庞大和僵化，腐败问题开始在各个层级涌现并开始向整个系统泛滥的趋势发展，最终导致了苏联的解体。

今日美国也有重蹈苏联覆辙的趋势。美国越来越强调资本主义和个人权利，其宗教和社区都在逐渐没落和解体。普特南（Putnam，1995）在《独自打保龄球》（*Bowling Alone*）一书中指出，现代美国人变得越来越以自我为中心和孤僻，独自去打保龄球的人越来越多，这正反映了美国社区力量的衰弱和总体社会资本的下降。另外，美国的市场力量膨胀，甚至到了控制政府的地步。美国前财政部部长鲍尔森恰好是制造金融风暴的美国投行的人马。由于政府官员背后都有财团经济力量的支持，因此政府行为受制于市场的力量。这种情况已经使美国的国力下降。

所以政府、自组织、市场三个治理机制的基本模型，是理想范式（ideal types），而在现实中，好的社会治理会是一个混合的治理结构，它固然会因为环境、行为与互动性质的不同而动态地调整三者间的组合，但一定要落在平衡区中，过分地偏向哪一方，或过分地远离哪一方，过犹不及，都非所宜。

## 五 结论

从威廉姆森讨论治理机制开始，自组织作为一种治理机制被提上议程，包威尔指出它是独立于层级治理与市场治理之外的第三种治理机制，并且这三种治理机制中人的行动逻辑是不一样的。格兰诺维特的镶嵌理论进一步指出，任何治理结构中都需要最小信任，任何治理结构往往都是自组织、层级、市场三种基本模式的混合，而不是单纯的某一种机制。另外，其指出信任与制度的替代作用，也就是不同的情境会适用不同的治理机制，治理结构会偏向哪一种治理模式，要由交易性质、外在环境与信任关系而定。

除了上述的组织治理中的自组织理论以外，公共管理领域中也有类似的理论，奥斯特罗姆提出的"多元中心"即是以自组织为主的治理结构。林南提出的民权、政权、社权正是呼应了社会学中的市场、政府与社群。而明茨伯格则进一步指出好的公共事务治理一定是这三者之间的平衡，失衡一定会带来社会的衰败。

综合组织管理与公共管理两方面的自组织理论，我们可以看到：

第一，自组织是市场与层级之外的第三种治理机制。

第二，任何治理结构都应该是层级、市场与自组织三种治理机制的混合。

第三，不同情境需要不同的治理结构，虽然会有所侧重，但亦必须有所平衡。

目前我们总是在市场与政府间讨论公共管理，总是在市场与层级间讨论组织管理，而对自组织这种治理机制不够重视，这绝非善治之道，因为好的治理应该是平衡的治理。

　　基于研究自组织过程的理论关怀，我们来到云村从事社区重建的辅助工作，目的就是观察在重建过程中，社区自组织、政府与市场如何合力完成重建，如何相互补充、相互竞争，如何相互影响。当然，我们最核心的理论关怀还是一个社区的自组织过程是怎样的，是什么促成了自治理机制，又是什么破坏了这个机制。

第二章

# 云村重建故事的缘起

## 一 羌寨云村

云村位于 M 县境内，靠近岷江西岸，平均海拔近 2600 米。沿国道 213 线依山而落，南距成都 273 公里，北距九寨沟 150 公里，距 M 县县城 78 公里。村庄主要种植玉米、白菜、卷心菜、辣椒、土豆等经济作物，饲养少量的牛、羊、猪等家畜，人均年收入约为 2000 元。全村现有农户 72 户，村民 357 人，其中羌族人口占 99%，另外 1% 则是从松潘等地嫁入本村的藏族人。

云村辖两个村民小组，村民称其为"一队"和"二队"。寨子原本坐落在高山上，1933 年叠溪地震后，寨子上的二队村民陆续开始往山腰搬，大概 20 年前，住在高山上的一队村民也开始陆续往山底搬迁，在临近的阳村安家落户（据说当时购买一个阳村的地基只需要 5000~10000 元）。至此，两个队从最初的聚居变成如今的分居，距离 5 公里左右。虽然一队村民的房子在山底，地却还在高山上，两队村民常在一起做农活。

云村的历史是个谜。寨子里最老的老人也说不出他们是从哪里来，在这里住了多久，为什么而来。很难有人能讲清村子是什么时候成为一个行政村的。我们曾专门去 M 县档案馆和文化局查阅资料，试图寻找一点关于云村历史的线索，每次都无功而返。这大概与羌族没有文字有很大关系。没有文字记载，口口相传的传说又没有好好地延续下去，历史自然而然就断了，但相比村子历史方面的缺乏，寨子里的人倒是对自己羌族人的身份深信不疑，并以此为荣。

作为 M 县为数不多的至今还在讲羌话的村落，云村人将不会说羌话的羌族人称为"假羌"，将住在平原地区的人称为"下坝子"。说羌话是衡量一个人是不是羌族人的重要标准，寨子里上至古稀老人，下至咿呀学语的孩童，都会讲羌话。为了保护这门语言，小孩子直到上小学，到乡里去读书后才开始学习汉话。记得有一次在工地遇到一个 4 岁左右的小孩子，不管我们说什么，她都不回答，只是盯着我们看，后来经过她妈妈的解释才知道这孩子根本听不懂汉话。我们曾经住宿过的那家旅馆的老板也常常讲起他家小儿子因为不懂汉话而闹出的笑话。当时他家小儿子刚上小学，有一天家里来了一个汉人木匠，老板让小儿子去请木匠下来吃饭，结果小儿子用半羌半汉的语调叫了许久也没有得到回应。现在在云村上小学的孩子都能用汉话和汉人交流，一些在叠溪或者 M 县读书的小孩子在家和家人交流用羌话，在外一律说汉话。有个小孩的妈妈说小孩子出去读书后，就不好意思讲羌话了，怕被人笑话。羌族人为保留羌语而表现出的顽强和固执，也许正是羌族没有文字的缘故。为什么羌族人没有文字？在云村流传着一个故事：羌族人的祖先以放羊为生，羌族的文字记录在一本书上。有一天，祖先在放羊的时候睡着了，羊跑来吃掉了记录着文字的书，然后飞天成仙，而羌族人自此也就没有了文字。大概这也是羌族人将羊视为崇拜之物，房屋的山墙上要挂着羊头的缘故。

云村村民主要由四大姓氏组成：罗、潘、王、杨。村民将同姓的人称为"家门亲"，而四大姓氏之间的相互通婚，又产生出了很多姻亲关系，村民称之为"竹根亲"。用村民的话来说，全寨子的人都是亲戚。村民将亲戚称为自己人。过年杀猪、婚丧嫁娶，相互之间的帮忙是少不了的。一代一代传承下来，形成了寨子里特有的"相帮执事""换工"传统。

农忙时节，寨子里的72户人家用换工的形式进行劳作。今天你来帮我们家，明天我去帮你们家。由于农忙的时间异常宝贵，所以几乎全寨互换，用换工来保证在最短的时间内做完最多的工作，这样不耽误农时。换工是对等的劳力交换。一般来说，劳动力富足的家庭更加容易换工，因为有足够的人去还。一位二十岁左右的女孩子告诉我们她家因为爸爸去世早，妈妈身体不好，哥哥又是残疾，她小时候很难找到人和他们家换工，因为别人怕她们家没有劳力来还。最近几年她开始成为劳力了，和她们家换工的人才多了起来。

虽然换工的基础就在于经济，但在云村，换工并不完全是一种完全的经济行为。自己人之间的换工充满着人情味。寨子里的一位大姐说："自己人之间换工，不会计较太多，少一两天或者多一两天工是常有的，因为是自己人，计较多了就伤感情了。"

换工存在于云村人生活的方方面面。除了农忙时节，比较明显的换工还体现在建房上。地震前，寨子里的房子都是用山上的石头和泥巴砌成的极具羌族特色的石砌房。如今已经很少有人掌握这门技术，而且修房子仅靠自己家里人的努力是不行的，必须找人帮忙。如果家里要修房子，就去寨子里请人。会砌墙的家里出"大工"，负责完成技术含量高的砌墙工作，不会砌墙的家里出"小工"，帮忙打杂、和泥巴。村里的人都不会拒绝这样的邀请，一是出于人情，二是自己家以后修房子也得这样去请人，所以常常是"一家修房，全寨出动"。请来的工人在主人的安排下开始工作，大概十多天内就能修好一栋房子。"欠工还工"在寨子里是个无须明说的规矩。欠了谁家的工，如果人家要求你还，即使你没有时间也得去还，否则就是你的不对。主人请人来帮忙的时候，要记上每家出工的数目，等到别人家修房子的时候，好按照这个数目去还，遇到自己人时还常在这个基础上多还两天工。

我们曾好奇地问村民："如果有人欠工不还怎么办？"村民对这样的提问很不解。或许是因为村子里从没发生过这样的事，也或许是因为在村民看来这个提问本身就是没有意义的——在这样一个封闭的小村落里，如果真的有人做出这样违反常规的事情，不用一天，全寨子的人就都知道了。有时舆论比法律更能约束人心。

讲完换工的规范，再来说说云村婚丧嫁娶的传统风俗。婚丧嫁娶历来是人一生中异常重要的时刻，各种各样的规矩自然少不了。在云村，婚丧嫁娶是一个家庭的事情，也是全寨子的事情。说是一个家的事，那是因为这些仪式毕竟是一个家庭举行的，家庭成员是主要人物。说是全寨子的事，是因为和汉族地区一般送礼、吃喜酒后就散席的惯例不大一样，云村的婚丧嫁娶，全寨子的人都得参与其中，送礼帮忙一样也少不了，一家的喜事就是全村的喜事，一家的丧事使全村都陷入悲恸中。首先送礼自然少不了，平均水平就是 40 元，要是送上 100 元，那就是关系很近的亲戚了，大多都随大溜，不会多送，也不会少送。村民说，送少了，面子上过不去，也怕得罪办事的人家；送多了，自己的经济条件不允许，而且也容易得罪他人，显得不合群。然后就是帮忙，办事少不了酒席之类的仪式，靠一个家庭的力量显然无法承担。遇到喜事，寨子里每家都得出劳力去帮忙，烧火做饭端盘一条龙的服务，遇到丧事，也得帮忙，除帮忙酒席事务，寨子里的年轻男性都得去帮忙抬棺材，一路抬到坟地，即使再远再累中间也不能停下来。无论是喜事还是丧事，办事的人家都会专门请村里的人来做主管，并由主管给每一户进行分工。这样的分工任务是每户必须完成的，虽然不是强制性的命令，却没有人不愿意遵守。我们曾经参加过寨子里的婚礼和葬礼，都被场面之壮观深深地震撼，同时也不得不佩服一直流传下来的传统，造就了如此隆重有序的场面。

　　除了婚礼和葬礼外，村子里的人情活动还很多，例如庆贺生子、帮忙立碑、探望病患，甚至有时候杀了猪也得设宴摆席。遇到这些人情时，以前每家都是送鸡蛋、奶粉、猪蹄之类的东西，后来都改为送现金。在这么多的仪式中，婚礼又有一个很重要的特点，云村村民

云村现貌

只在阴历的十月、十一月和十二月三个月才会举办婚礼，在其他地区很难见到如此严格的规定。在云村除了这三个月，是没有人会举办婚礼的。我们问过村民为什么有这样的规定，村民说这三个月是农闲，有足够的时间来"耍"（即玩乐），婚礼一办就是连续三天，农忙时节这可是很高的时间成本。而且也要等到年末了一个家庭才有足够的钱来操办婚礼，这里也体现出经济因素对生活习惯的型塑作用。

我们要讲的故事，就发生在这样一个小村落里。

## 二　震后村庄

2008年5月12日的那场地震，对于中国人来说是一场巨大的灾难，身处龙门山断裂带上的云村也不可避免地受到波及。下面这一组数据来源于当地政府部门的统计资料：云村经历地震后，全村农作物受灾面积5亩、绝收2亩、被毁耕地3亩；被毁房屋10户、25间、1340平方米，损坏房屋59户、227间、15070平方米，其中学校4间、260平方米，村委会3间、120平方米；损毁村道0.5公里，人饮用水蓄水池2口，拖拉机1台；直接经济损失382.9万元，其中农业直接经济损失15万元。与其他很多村子相比，云村的幸运之处在于没有人员伤亡，村子里的人后来也常常说，这或许是得到神仙保佑了。

2008年5月24日，成都地质调查中心地质灾害巡查排查工作组经过排查，发现云村二组有中型滑坡和泥石流隐患，严重威胁该区域的居民。在地震中，村中虽无人员伤亡，但大部分房屋都出现倾斜、开裂，老宅倒塌严重，无法继续居住，受灾情况非常严重。震后一段时间内村民居住在自家危房中，少数搭建帐篷居住，各项物资都比较齐全，生活基本没有困难，村民们的情绪也比较稳定。

关于那场地震，村民仍然记忆深刻。后来村子里的人常常会跟我们谈起地震时的场景，说看到石头从山上滚下来，砸到路上的车子。妇女们的描述则更是绘声绘色，有位大姐跟我们说，当时她还在地里干活，突然看见对面山上的石头往下掉，脚下的地开始晃，后来她才反应过来是地震，当时她想，以前的老人说地震的时候地上会裂出缝来，于是就蹲在地上不敢动，一直盯着地上看，心里想要是自己掉下去了怎么办……关于地震的类似描述在后来的几个月里我们听过很多，村民们会不厌其烦地描述当时的情形、当时的想法。听着他们用朴实的语言表达那些回忆的片段，你会突然觉得，这是多么可爱的一群人。关于那场地震，他们也觉得自己是幸运的，除了财产上有些损失，人没有伤亡，这就是最大的幸运了。地震给村民们留下了太多的回忆，也留给了他们太多的感动。当问起地震时哪些事情让他们最感动时，每个人都会说上一大堆让他们落泪的故事。有位大叔说："地震后看新闻，都江堰有个老太太把一辈子的积蓄捐出来救灾，八十几岁的老人了，就没有想着留点钱给自己养老，把钱都捐给我们这些受灾的人了，我们一听就哭了。"有个十几岁的小女孩说："地震后看电视的时候总是会控制不住地哭，看到那些被压在房子下面的人，我们就觉得好可怜，我们这里虽然也受灾，但人都没事，哪像他们那里，不知道死了多少人。不过幸好有政府，那些解放军手都破了，还在挖人，我们这些看电视的人都觉得感动。"村民常常会说起地震后解放军来帮忙的事情，他们帮忙发粮食，帮忙搭帐篷。这样动人的故事有很多，如果要把它全部记录下来，估计就能写成一本回忆录了。地震后的村民对于我们这些外来人，说得最多的一句就是谢谢，不得不说，这是一群懂得感恩的人。

## 三　走向重建

随着生活秩序的逐渐恢复，重建的工作也摆在了云村村民的面前。该如何重新开始生活？是原地重建还是异地搬迁？自建还是统建？这些都是村民关心的问题。

关于重建之前的动员工作，我们想引用一段对云村村党支部书记的访谈。

问：你可以再具体给我们说一下当初决定往下搬的过程不？

答：一开始没有地震的时候是没有往下搬这个想法的，地震后，当时有个政策说可以异地搬迁，我们这里好多都报了要往外面搬。后来又莫（没有）这个政策了，喊原地重建，我们就和原来的乡党委书记说了下我们的想法，我们就来看了下这块沙地。他就问我们得行不，这么多家的地，集中得起来不？我们就说我们得行，回来我们就开会。

问：最先有多少户愿意搬？

答：先只有20多户，后来逐步才多起来的。

问：当时有哪些反对？

答：当时好多村民背后骂我们，说我们搞破坏，当时是这样子的，这里的地势不是太好，第一个是水，发水的时候怕淹，第二个就是老百姓的经济压力大，原地重建的话花不了好多钱，搬下来的话花的钱要多得多。

问：那后来是怎么说服他们搬下来的？

答：就是开大会，讲道理，分析往下搬有哪些好处。

（来自村支书访谈记录）

建房并不是件容易的事情，第一次开大会的结果是有 28 户村民愿意往下搬迁，既然决定在下面建房了，首先要解决的事情就是征地，也就是如何把村民手中的沙地集中起来。

问：听说最先往下搬迁的时候只有二十几户？你当时搬没有？

答：是，我们咋不搬呢？原先想都没有想到这个钢架房，但是往下搬肯定要比上头好多了，不管啥子方面。当时有 28 户，我们就开会，当时又不敢强迫嘛，自愿报名，28 户想往下搬。地基都划了，驻村干部干了七八天，线那些都划好了，说有钢架了。

问：这块地当时是怎么征收的？

答：这块地我们统一收回来了。我们折价是 5000 元一亩，当时 28 户，整体地势是 50 多亩，28 户来平摊嘛。

问：当时这个征地是开会决定的？

答：这个价格是老百姓决定的，大家都同意。当时有的种花椒，当时就统一定的价格是 5000 元一亩，花椒不赔，这都是老百姓定的，我们不敢定哦，我们要走群众路线，我们只是定个大体的框框。

问：那这个 5000 元一亩的价格是哪个村民提出来的？

答：老百姓，哪个我们就记不得了。

问：那这个 5000 元的参考标准是什么？

答：就是老百姓提出来一个，就在大会上问，高了还是低了，然后老百姓就说差不多。因为这个地不是承包地，是机动地，又是大家受益，所以赔偿标准就不高。

（来自村支书访谈记录）

确定了搬迁的户数，地也收上来了，下一步自然而然就是要划分地基了。正如前面村支书所说，沙地的地势有好有坏，如何做到让村民没有怨言，这也是一波三折。于是村子再次开会，规划地基，把沙地分成单户的地基，再抓阄分配。第一次分配下来以后，村民发现挨着河流的这边地势不平坦，就提议将沙地填平后重新划分，于是村子里再次开会决定，把沙地填平后进行二次规划。一切准备工作做好

后，云村的重建好像应该步入正轨了，如果
没有那场意外，或许现在的云村会是另外一
种风貌。但意外就是在不经意间出现，钢架
房项目的出现，再一次让云村沸腾起来。

传统羌族房屋建造形式

　　问：你当时想修成什么样的房子？

　　答：用石头砌三间，我们冬天找了
好多石头，木料也有，材料都齐的，按
我们这么修的话，早就修好了。

　　问：修几层呢？

　　答：三层，房间肯定要比钢架房那
个大些。

　　问：那现在修的这种和你原来的打算相比，哪种你觉得更
好？

　　答：肯定是现在这个好，四排连在一起稳当，我们要是修原先
那种，就是单家独户的。

　　　　　　　　　　　　　　　　　　（来自村支书访谈记录）

　　之所以说这是一场意外，是因为在这之前，村民做梦也没有想过，
有一天他们修的房子将是整个州的重建亮点。

　　"5·12"大地震发生后，在南都公益基金会的支持下，由清华大
学社会科学学院院长及清华城市规划设计研究院院长倡议，成立了

清华大学可持续性乡村重建团队（以下简称清华团队），由清华大学社会科学院 L 教授主持相关事宜。成立该团队的目的在于整合多方力量进入灾区，开展区别于"重建就是盖房"的全方位可持续性重建计划。

清华团队在南都公益基金会"5·12 灾后重建资助项目"启动后的第一时间便提交了"清华大学可持续性乡村重建试点计划"，项目很快得到基金会理事会的审议通过，团队得到了支持经费，在灾区考察了采用轻钢技术修建的四幢羌族传统风格的示范性建筑。计划的目的是保存羌族建筑的风格与形式，展示用轻钢技术修建传统羌族建筑的可行性，提供传统风貌与现代技术相结合的建筑样板。

同期，清华团队推动了"云村整村重建计划"，云村长期成为乡村社区重建的实验点，南都公益基金会和欧特克（Autodesk）软件有限公司（以下简称欧克特公司）提供资金支持，并寻找到清华大学建筑学院、台湾建筑师 XYJ 的第三建筑工作室以及 ZX 文化交流中心作为战略伙伴。

清华团队还获得了清华大学·野村综研中国研究中心的研究经费资助，在灾区的诸多村落中定性考察社区组织及合作重建的情况，并与云村的重建、社区发展做比较研究，连续数年收集定量资料分析社会组织能力与重建成果间的关系。本书的出版即建基在这些研究之上。

在多方合作下，清华团队解决了灾区介入、运作经费等问题，制订出一套可持续性重建计划方案并付诸实践。

2008 年 7 月 8 日至 7 月 20 日，清华团队先后在汶川及 M 县当地规划局官员的带领下考察了包括云村在内的 11 个羌族聚居区。

2008 年 8 月 12 日至 8 月 19 日，L 教授和 XYJ 老师再度考察了 M 县三龙乡河心坝与凤仪镇吉鱼村，并再度赴云村考察，在选点过程中观察当地政府与村民的组织能力并将之作为主要的评量标准，并于 8 月 19 日与 M 县政府初步达成协议。M 县政府同意以云村为示范基地。

2008 年 9 月 22 日，清华团队和 XYJ 工作室的建筑师到达云村，向该村所在乡的乡党委书记介绍可持续性乡村重建的方案。在选点过程中，团队的负责人会将当地政府与村民的组织能力作为主要的评量标准。9 月 23 日，清华团队一行人到达云村后，将村民全部召集起来，向他们介绍绿色轻钢农房的特性，告知村民云村的整村重建计划，原本计划向每户提供 1.5 万元的材料费，但这笔钱不够买所有的轻钢架，距当时的设计还差五六千元，后来村民希望房子大一些，就更改了设计，经过详细核算后发现还差 1.3 万元。云村村民都很穷，年均每户现金收入不过两千元，但是村民对重建表现出很大的热忱，有 49 户同意参加计划。不过，这笔差价对村民来说是很大的负担，我们感受到村民的团结与诚意，最终决定将云村作为重建示范村，并加强募款，最后决定给村民提供完全免费的轻钢架。这时又有 6 户村民加入了这个计划，至此共 55 户村民加入重建计划。还有 14 户未加入，一部分是太穷的，实在没有能力搬下来再修一栋房子；还有一部分就是村里较富的，因为前两年已经在近山脚处盖了新房，不想重盖。这样报名加入整村重建计划的户数达到 55 户，加上由"羌族建筑示范房计划"项目出资的村内公共活动室（以下简称示范房），纳入云村重建规划的轻钢农房共为56栋。该示范房是一栋公共建筑，由清华团队通过募款提供资金，村里提供土地、劳力。该计划本着村民自愿参与建设的原则，不涉及任何倾向性政策。示范房建成后二十年内由清华团队使用，将其作为重建经验示范、培训、跟进研究的基地；二十年后归村集体所有。示范房完工后有两个用途，一楼作为村史室，是凝聚社区意志的重要载体，以促成村民对本村及羌族文化的认同；二楼、三楼作为志愿者及研究人员的办公室。

2008年9月24日至9月26日，按照重建方案规划，XYJ工作室的建筑师等一行人对云村已有的地基规划进行修改，核实村民意愿，确认场地是否充足。

2008年9月27日至9月29日，完成放线。放线工作的参与者由村干部统一组织，并由村民监督。

2008年9月30日，为了公平起见，村里用抓阄的方式决定地基分配。进行两次抓阄：第一次决定抓阄顺序，第二次按照顺序抓阄决定地基分配。整个过程依序进行，村民对于抓阄的结果没有什么抱怨，按照村民的话说，一样的纸蛋蛋，抓好抓坏就看自己的运气了。经过这一天的工作，地基的分配尘埃落定。关于这个过程，村支书的描述如下。

问：当时地基是怎么分的？

答：是规划了的，来到村里的工程师们规划的。总共规划了三次嘛，第一次是老百姓自己组织的，只有十户左右。比如说，我们也愿意修，你也愿意修，然后我们下来，像我们三个感情可以，那么你的地不用，我们就把你的地上画个圈圈就可以了，结果没有成。第二次乡政府的驻村干部、村支书和老百姓一起，弄些白灰，只规划了那面半边，这面半边没有规划，只有二十几户，规划了就抓阄。蛋蛋都抓了，基础都挖了，又说有人送这个钢架房了，就另外规划了。他们规划后我们就抓阄。

问：当时放线是自己管自己家还是怎样？

答：村上组织的，放线是我们村上大小干部，与乡上驻村干部一起，当时划地基放线是统一的，后来再组织抓阄。

问：抓阄的时候有莫人监督？

答：有，村支书、村主任这些村干部都要抓阄。

问：对地基分配有没有什么不满意的地方？

答：没有，都是抓阄的，面积都一样大。

问：你们家的地基是谁挖？自己管自己还是村上统一的？

答：这个是自己挖。

问：那有换工没有？

答：好多都是换的，我们家都是请人的。我们家莫人手，其余大多数都是你帮我们，我们帮你。

（来自村支书访谈记录）

经过这样一场不小的意外，云村的重建工作正式开始了。在接下来的一年中，虽然云村的重建工作经历了一些波折，但昔日光秃秃的

划分地基

丈量土地

拜祭山神

沙地上村民靠着自组织的力量毅然建起了一座崭新的村庄，不得不说这是个奇迹，而这样的奇迹背后又有着各种各样的故事。

【本章小结】

如何将云村的重建定义为一次自组织？云村是一个内部情感性关系紧密的地理社区，而作为一个行政村原则上也是一个自治团体，其中村支书扮演自上而下的行政官员以及自下而上的社会能人的角色。在云村我们了解到，全村被内部紧密的"竹根亲"联结，村支书也深嵌在内部关系网络之中。

村庄重建不是自上而下的指令，是由村庄的自然地理条件以及灾后的实际情况所决定的。自1933年起这个羌族村寨的村民就开始逐渐由高山向山下迁居，在汶川地震之后部分民居所在的半山位置被发现存在地质隐患，这也促使村民不得不考虑选择继续下迁。当时政府对该地区并没有下达行政命令规定重建方式，而是鼓励原地重建与异地新建相结合，而每个地方的具体方式也因地制宜。于是，在村支书的牵头下全村召开了 4 次村民大会，最终决定在山脚下的河谷地区进行由大部分村民参与的异地重建，继而村支书开始向政府申请具体政策支持。之后，清华团队进入云村主要协助村民达成合作并负责提供资源以及与外部的联系。建房行动也是以村民自愿参加、共同协作的模式进行的，所以我们将云村的重建过程视为一个良好的村民自组织案例。

　　清华团队提供的轻钢生态房方案，给村民带来极大的村庄荣誉感，加强了他们的集体认同。他们认为自己的房子不仅能抗震而且美观又独特。同时，轻钢房在一定程度上保留了羌族建筑的美学特征，因此羌族文化的认同也没有遭到破坏。至此，参与云村重建的自组织行动者们——55 户村民与清华团队完成了初期的内外部互动，并在成员间达成了共同目标，开始着手为实现这个目标而采取集体行动。如何清晰地界定和认识社区自组织，笔者将在本书第六章中系统阐述。

第二编

# 云村重建纪事

第三章

# 合作建房

导读:

2008 年 10 月,第一批志愿者进入云村。在这之前,在 XYJ 工作室的帮助之下我们先后在 JL 镇以及云村建立了两个绿色农房的培训营,免费向灾区志愿者团队培训帮助农民盖绿色农房的技术。这套盖农房技术是利用开放的建造体系来"协力造屋"。农村重建过程中存在预算限制的问题,而这套简易的轻量型钢建房系统降低了施工难度,现场施工仅需要简单的操作工具,农民就可以自己完成屋架的组装,极大地节省了成本。农民可以充分利用各种回收建材(如废砖、水泥、木板等)或当地建材(如土、石、麦秸、木、竹等)作为墙体与屋面维护材料而盖出兼顾当地气候、风俗与环境保护的建筑。而在重建农宅户型设计上,基于各地的气候、生活习俗等多方面因素,XYJ 工作室的团队设计近 20 种户型,包括独栋、双拼、联排及一楼一底、两楼一底等,并考虑到房屋开间、进深、层高、布局、楼梯位置等多种因素。农民在原来的基础上可根据不同的地势、自家的经济条件、生活习惯等因素进行尺寸调整。由此催生出农村建筑的多样性，保留了传统的建房习惯，使得这套重建体系表现出更大的适应性和接受度。这套结构的建材来源分为两部分：集中供应和农户自理。集中供应 C 型钢料、C 型钢檩条、免拆钢网、结构零配件、铁丝网等，其余材料由农户自理，农民使用可回收的砖瓦、木板、檩条以及当地方便取得、成本低廉的适用材料（如石、土等），自行完成建造。

绿色农房培训营的参加者有二十多人，大家抱着为灾区重建献力的共同热忱走到一起，不过由于一些参加者自身条件有限、本职工作的压力等，大多数人的学习效果并不好。但在其中，ZX 文化交流中心的彭工、高工等以及个人志愿者小九坚持完成了学习，并展现出了很强的专业能力。他们均同意留在我们团队参与指导云村的重建工作。

在随后的一年多的时间里，这些志愿者见证了云村重建的点点滴滴。在本书接下来的叙述中，工作日志和访谈成为最主要的资料。之所以选择这样的方式，只是因为想还原一个最真实的云村重建故事。由于驻村志愿者的流动和变化，故笔者未按日记原文照排，而是按照时间和事件发生的顺序稍加梳理，以便读者阅读。

【附言】为方便读者阅读，此处列出本书中出现的主要人物、机构名称及其简称（或化名）。

　　清华团队——清华大学可持续性乡村重建团队

　　我们——指的是清华团队的志愿者，不同时期有不同的人，是在本书的开头中感谢的人

　　L 教授——清华大学社会科学学院教授，清华大学可持续性乡村重建团队负责人

　　XYJ 老师——XYJ 工作室主持人，建筑设计师

　　聂工——XYJ 工作室员工，建筑设计师

　　彭工——ZX 文化交流中心负责人，建筑工程师

　　高工——ZX 文化交流中心员工，建筑工程师

　　小九——个人志愿者，2008 年 10 月至 2009 年 6 月作为驻村工程监理一直留守在云村，与村民结下深厚的情谊。她曾有多年土木工程师的工作经历，到灾区后参加过清华团队的绿色农房培训营，文中部分资料也来源于她的驻村日记

　　村支书——云村村支书

　　村主任——云村村主任

　　乡党委书记——云村所在乡的乡党委书记

　　县委副书记——M 县县委 T 副书记，县领导中负责挂点指导云村所在乡的重建工作

　　老柏——云村村民，重建房屋的位置位于公共示范房隔壁

## 一 钢架十八罗汉的奇迹——协力起架

**2008 年 10 月 16 日**

近中午 12 点的时候到了乡里。下午和小九一起去云村工地，村支书也在，一整个下午我们都在和他商讨施工进度的规划，以钢料到位为第一天，那么接下来的所有工序每一道需要多少人多少天，需要准备多少材料。我们打算在短时间内集中力量构建一栋两楼一底的四联排，关于这栋四联排的墙体材料，我们原来的设想是第一层用垒石，第二层开始用复合材料，但村支书反映的情况是他们希望第二层还用石头或者砖砌。此外，这里没有足够的木工和电工，需要书记去其他地方雇用，但是具体时间还没有定（钢料何时到位的问题）。后来我们去看了看村里一栋正在建造的房子，垒石工艺的确不错！

一个中年妇女背了满满一大桶泥浆，顺着不宽的梯子爬上临时的二层楼板，晃晃悠悠，然后把泥浆倒下来，又下去背另外一桶。村支书很坚决地表示村民的干劲大得很，别人 6 天时间能干完的活，村民只要 3 天，像竖钢架这样在绵竹需要起重机完成的工作，这边用人力和简单的工具就能完成——他询问了钢架的重量之后这样保证到。

钢料什么时候能进来？据说聂工正在和欧特克公司的人谈。

村支书表示，只要日期确定下来，当晚就可以召开村民大会，给大家分组分任务，确定哪四家最先动工，等等。他还邀请我们届时列席解答具体问题。

聂工的短信迟迟不来。

2008 年 10 月 19 日

上午去工地找村支书落实相关问题。

路上彭工打电话过来说有三个在绵竹当过志愿者的弟兄要过来这边工地帮忙，问我们这边的车方不方便去接一下。我们没有车，就请他去问聂工。一会儿他打来电话告知聂工说这边都是村民自助建房，暂时不需要人。

后来我们想到这边其实很缺木工，其次是焊工，希望来的人可以补上这个缺口。和彭工沟通后，他去联系木工。同时我们也向 L 教授汇报，被告知这几个人是来指导村民的，不是来做工的。

工地上的小九认真、严谨地通过一张张图来说明问题。

村支书决定今晚召开村民大会，告知大家如何继续修建地基等具体的问题。

2008 年 10 月 20 日

上午和下午都在工地量尺寸。之前安排了村民把地梁多筑出横竖各一道，村支书、小九各带一组人在各户的基础上测量出合适的尺寸，然后开挖。从最靠前的双拼和四联排开始，一直量到最后的几栋房子，非常辛苦。村支书一丝不苟，不仅要量从门廊的基础到前面那堵墙的距离，还要量后墙到前墙及柱子的距离。他那种精神，用小九

丈量尺寸

开挖地梁

的话说，就像是一个"圣徒"。

这里的村民干活效率真高啊。上午定线完成比较早的几户，几乎都把地面挖得非常符合标准了，其中一些已经开始砌石了。看来大家的干劲真的很大。

农民的手艺真的不是吹的，更何况这是给自己建房子呢。

所有的地梁明天上午或中午就到了，看来明天有很多事情要做啊。


2008 年 10 月 21 日

手机显示 12：08 的时候，司机的短信到：已到桥头。

期待已久的钢料终于来了！村支书似乎比我们还兴奋呢。好事多磨，在从公路到工地的一段小路上，车胎被路上的石头扎爆了，一路歪歪扭扭开到预先留好放钢料的空地上。我们和小九、村支书爬上车去验货。

司机说要货款打到后货才能落地，聂工说要验货合格后才能打款，

卸钢料

最后我们先到车上一件一件地核对尺寸、数量、规格等。装着螺丝螺母的麻袋沉得要命，还要搬到旁边去检查下面的货物。小九又一次发挥她不折不扣的严谨作风，每一项检查都精准无比。

卸货的时候，场面很壮观。大家都出动了，通过流水作业，很有效率地把一车看起来几乎不知道要怎样才能卸下的钢材、钢网、螺丝、螺母和垫片等都卸了下来。

2008 年 10 月 31 日

云村有 21 户村民的钢料到现在还没有着落，我们一整天都在写募款的计划书。两次跑去乡政府上网，接收聂工发的房屋造价详单，岂料邮箱里每次都是空空如也。

聂工非常辛苦，每天画图计算连睡觉的时间都没有，实在不忍心催促他。

21 日钢架房的第一批钢料到达云村时，村子里的人全体出动。村

安装地梁

民回忆起当时的情景说："那个时候高兴得很，就想早点卸完早点开始动工，这些东西都是我们以前没有见过的，也觉得新奇。"对于这些村民来说，钢架房到底是什么，或许那时还不清楚，在这之前他们没有见过，甚至也没有听说过。直到 L 教授来了，介绍关于钢架房的事情，他们才知道房子还可以这么建，但也只是知道这种房子抗震效果好，和以往建的房子是不一样的，而且钢架是别人送的，是不要钱的。

不过知道这些村民好像就已经满足了。此刻，村民只专注于怎么才可以把房子修好，地基和地梁是第一步。

2008 年 11 月 1 日

聂工发来了云村轻钢房的房屋造价详单。

上午我们到乡政府去收邮件，把造价部分的内容补充好以后，将云村的募款计划书发往北京。每户大概需要 3.2 万元的钢料，170 平方米的房子，算来每平方米还不到 200 元。

云村工地上继续安装地梁。

2008 年 11 月 2 日

从高处俯瞰云村的工地，一排排房屋地基整整齐齐，颇有点气势。村民正在热火朝天地拌混凝土，准备浇最后面几栋的地梁，我们这才知道他们需要的水都是用拖拉机运来的。高工说有些地梁的混凝土浇得不好，以后可能会有问题，但村民似乎并不太在意。现在还有 37 号的一栋（4 户）没有装地梁，因为缺少短料，必须等别家做好了，把假固定取下后才可以填补材料，其他几栋只等灌混凝土了。据说两三天以后地梁就可以全部完工。

俯瞰工地

2008 年 11 月 3 日

工地上继续装地梁，37 号那一栋钢料已经齐全，开始安装地梁并架木板，大概很快就可以做好浇混凝土了。

2008 年 11 月 4 日

还剩最后一栋地梁没有装完。第一批 4 户的钢料本来应该今天到，但据说车在途中突然坏了，今天只到成都，村民似乎有一点失望。晚上聂工等人到达，说 CP 乡那边必须赶在 7

号前立架，所以明天 XYJ 工作室的全部人员都要去 CP 乡。

2008 年 11 月 5 日

下午到工地，正在安装最后一栋四联排的地梁，据说今天就可以装完。

村民使用的混凝土看起来质量低劣，高工说问题不大，但是螺栓部分必须要平整，有很多户以后可能要返工。据说他跟村民讲过但村民不听，也许是语言沟通有问题。

2008 年 11 月 6 日

除最后一栋双拼尚未动工，其他的地梁工程已全部结束。下午四点半，钢料还没有运到，也没有消息，村民都比较关心这个问题。

晚上 10 点多，村支书通知说钢料到了。

2008 年 11 月 7 日

上午十点半，村支书找了十几个村民开始卸货。司机急着要在都汶路封闭前赶回去，于是大家都没吃午饭，一口气干完活。村民把钢料按照长短规格分别堆放，我们负责检查、测量和清点数量。我们对钢料是否合格完全不懂，幸好高工比较有经验，在他的指点下我们发现多出几套钢材，缺少 4430 号（设计图中的型号）的一套钢材。

下午 1 点多，第一车钢料卸完，由于第二辆货车太大无法进村，大家都到公路边继续卸货。这一车基本都是长料，我们的钢尺短了无法测量。下午两点半，聂工从 CP 乡赶到云村，三点半卸货完毕。经过清点，除了少 4430 号一套，还缺少 6800 号（设计图中的钢材型号）三根、长拉杆一根。钢料的质量也不相同，大概可以分成三类，有一种镀锌做得很不好。村支书要我们与厂家交涉这个问题，以免将来的钢料质量更差。

2008 年 11 月 8 日

由于钢料不齐全，以及质量上有点问题，今天不能立即开始组架。

从 10 号开始云村要举办一场盛大的婚礼，大概有四五天不能开工。我们到工地再次检查钢料，确认是按规格放置，并给每根钢材都写上标号。

地梁安装好了，期盼已久的钢架也都到齐了，准备工作似乎已经做足了，接下来，就是大干一场的时候了。

第一批房体的钢架终于到达了云村，接下来的工作就是怎么样把这些钢架组装起来。聂工、小九和高工自然是技术指导，但真正的实际操作工作还得靠村民才行。架钢架是个技术活，不是谁都可以做的，怎样分工把 56 户的钢架尽快架起来，成为第一个需要考虑的问题。于是村里又召开了大会，会上讨论了很久，最后得出了一个大家都满意的方案：以自愿报名的形式成立一个 18 人的钢架队，钢架队负责 56 户房屋的全部立架，每人每天 40 元，作为钢架队成员的劳务费。

按照当时的标准，40 元钱的工时费是很低的，这只是一种象征性的补助。因为工时费不高，村上担心村民不会积极报名，于是又讨论出一种更为公平的方法，规定每1个四联排推选1个村民报名加入钢架队，全村总共有12栋四联排，就有12个名额，另外还有3栋双拼，两户出1个人，就是3个名额。

村上又指派了两名村干部和1个村民加入钢架队负责后勤工作，其中1人负责施工安全，另1人负责保管材料，还有1个人专门负责电力供应。这3个人与之前每户选出的15名劳力组成了"十八罗汉"钢架队。这18个人都是18岁以上、45岁以下的男性，大多都在外面打过工，据说还有参与过鸟巢施工的。按照村支书的话说，都是些手脚很灵活的人，于是村民俗称的"十八罗汉"钢架队就这样成立了，在接下来的几个月里，钢架队成员在志愿者的技术指导下完成了56户钢架房的全部立架。

钢架队成立后，在志愿者的技术指导下开始工作，但刚开始时立架的工作并不顺利。钢架队的成员需要按照设计图纸对每一个接口进行衔接。他们虽然之前大都有打工的经验，但接触立架工作还是第一次，根本不知道从何处下手，于是第一栋钢架立架时，出现过失误，花费了5天的时间才将第一栋房子的立架完成。祖祖辈辈留下来的建房形式让村民一直觉得修房子并不是一项技术含量很高的工作，但是他们在此刻，在这样一种全新的建房形式面前遇到了问题。经过志愿者一遍遍的解说指导，钢架队成员慢慢开了窍，而这一开窍可以说是一发不可收拾，后来，钢架队甚至可以独立按照图纸完成立架工作。连志愿者小九都说，在如此短的时间内学会这样的技术，简直是奇迹，人民的智慧真的是无穷无尽。后来村民提到立架的事情时，还时不时地骄傲一下。的确，不得不说，这是一群有着无穷智慧的村民。

2008 年 11 月 17 日

所谓欲速则不达，不管希望上屋架的心情是多么急切，准备工作还是要一件一件落实的。

为了准备钢架组装，村支书一个人里里外外在跑，幸好他也得到了许多人的帮助，事情才算办得顺利一点。

下午在工地检验钢材打孔尺寸，又讨论了组装的人员与材料配置问题后，村支书又赶回家去了，夜里还有一个会议，要讨论决定第一栋钢架建在谁家。因为一栋楼有 4 户人家，他要小心处理乡亲们的关系。

2008 年 11 月 19 日

今天一个上午上完了 9 个架子，主人家很高兴，中午就请我们在工地野餐，喝啤酒以示庆祝。

云村的上架方式是两组 4 个假固定钢梁，组成人字形，十多个人一边推顶，一边牵拉，慢慢地将一个将近半吨的架子撑起来，达到垂直地面的角度后锁紧柱脚，所以整个过程其实相当快：一个小时能立 3 个架子。大家一边推拉，一边由一个人领着唱号子："嗨哟……嗨哟这个大架子哩……看来也没多重哩……咱们兄弟要齐心呀……就快快将它立起来哟……嗨……哟……嗨……哟……"

起架

第一次立架的成果

劳动时的号子是如此重要！大家就是这么跟着节奏工作的。

羌族人有着天生的乐感，男女老少都能用自己的感觉去诠释不一样的歌声，而这样的歌声让人如痴如醉。我们问村民为什么他们这么会唱歌，他们说从小在这种环境下自然就会了，就和吃饭睡觉一样，没有什么特别的。

下午大家还是干得热火朝天，都在上钢梁。因为还不熟悉图纸，照样干得"疙疙瘩瘩"的，可大家还是很高兴。羌族小伙子都有灵猴一般敏捷的身手，可以徒手攀上钢架顶端去作业，我们在下面看得心惊肉跳。有个高中毕业的小伙子在帮大家看图纸，有了他，我们觉得工地有了得力助手；大家的协作精神让我们很感动，虽然没有施工队，但村民们的建筑小组实际上已经代替了施工队。

2008年11月20日

气温越来越低了，白天的阳光很短暂，走在路上，山谷中的风吹得人瑟瑟发抖，难为那些攀在钢架上作业的羌族兄弟，高处风更大，他们却一直笑着嚷着施工，简直就是在享受的样子。

这两天大伙儿已经习惯了"假固定""斜撑""拉

杆""双头螺栓"等术语，大家把一种方形垫片叫作"方脑壳"，于是在现场常常听到钢架上有人大喊："方脑壳！来一个方脑壳！"于是地上的人就抛一个上去。也有时候叫："帽子！帽子！"于是地上就有人抛一个螺帽上去。为了说清方位，有时候要说"往 M 县去一点""往松潘去一点"（以云村为基点，M 县往下，松潘往上）。

有时候需要几个人抬一下假固定来调整位置，于是钢架上的人唱起歌来，地上的人们就一边唱一边使劲，活儿干得有滋有味。

这样的活儿，可能干得比施工队慢，可是绝对是一种快乐的工作！XYJ 老师也说过，别看这样协力造屋建成的房子造价低，它内含的价值绝对超过市场价值，所以有些东西是没法用商品法则去衡量的。这句话，我们"严重"同意。

就钢架队的组织运作我们访谈了村主任。

问：当时钢架队的 18 个人是怎么选出来的？

答：自愿报名。

问：那每四联排出一个是怎么回事？

答：才开始是这样的，最先说的是 55 户轮流换着弄，每一户都出工，今天 20 个，明天出 2 个，依次轮流换。后头一想天天换人影响进度，有些人根本不懂，刚刚开始懂了，又要换人。所以后来大家就决定给 30 块钱的工资，定了后，就是四联排出一个，其中有两个人专门负责管安全和记工。后来人手又不够，拉不起来，就自愿报名，一共就有了 18 个。

问：你们家儿子（因为能看懂施工图并为人热情负责，后成为钢架队的队长）是自愿报名的还是四联排出的？

答：我们四联排出的是另一户的壮劳力，后来我的儿子去了一天，小九就让他留下了。其他小伙子文化都不高，看不懂图，他是高中毕业生，看得懂图，后来就自愿报名参加了。

问：那这些建议是哪个提出的？

答：乡政府和村干部都赞同，老百姓也都是这个意见。比如说我们这个房子立了三天，他这个房子立了两天，不能说立得久的就多给。所以就是算总工程，然后平摊。第一栋房子用了6天，第二栋开始就只用3天了。

问：那选出来的人需要你们表决同意不？

答：还是相当于表决了，因为都是在一个村庄生活，选到你，你到底适合不适合，我们都晓得。

问：这个钢架队的成立村民也同意？对于30块钱的工资有没有意见？

答：都同意，30块钱只是相当于烟酒钱，工钱的话哪个给你干？完全是义务性的。

问：那后来这个钢架队的工资是怎么算的？

答：55户用了好多天，乘以30块钱，然后再平摊给55户。

问：最后算下来，每家要出多少钱给钢架队？

答：具体我们忘了，好像是一千三。全部在王会计那里记的，开会的时候要公布。

问：那先立哪栋后立哪栋的顺序是怎么决定的？

答：抓阄，我们这里总共是16栋，就弄16个纸蛋蛋，每一栋出一个代表就去抓阄，抓到1号就第一个立架，依号立架。

问：当时立钢架的生活是怎么管的？

答：最先说是不管的，自己家里带馍，后来看到冬天又冷，早上带的馍中午就是冰的，所以我们就又开了个会，喊每一栋老百姓合起供这几天的中午。比方说今天给我们家立，我们家的人就给他们煮个饭，买点啤酒，买几包烟。

（来自村主任访谈记录）

2008年11月23日

今天一鼓作气完成了云村第一栋轻钢房的主体，明天可以休息一天了。大家都很高兴，哪怕在冷空气中加班也无所谓，因为毕竟一栋房子经过5天的组装、起架与拼装，终于完成了。

2008年11月26日

旧历十月二十九，是当地人杀年猪的日子。杀年猪是羌族人一年一度的大事，家家户户都忙得不可开交。同一天就有好几户杀年猪。一家杀猪，亲戚朋友都来帮忙，杀完猪一起制作过年用的香肠、猪油、腊肉，等等。

今年很多事情都与往年不一样啊。

往年，杀完年猪的羌寨人家，将度过一年之中最休闲的日子，但是今年，也许是要重建家园的缘故，好多事情挤到了一起，有点应接不暇。

2008 年 11 月 30 日

一批新的钢料已经到场，明天又有新的工作了。

今晚得知，明早村民们要开会讨论接下来的工作方式问题。原本的做法是，由村民组成的建筑小组承担大部分钢结构施工，由村民集体分摊他们的出工费。因为已经入冬，施工人员工作起来较为艰苦，已经有人不愿再干了，给钱也不干了。那么现在大家就要重新商量一下，也许会调整工作方式。

今年冬天能否如期完成重建的任务呢？假如项目的大部分工作要等到明年开春即四五月份才能开始，大家的生产经济就被耽误太多了。

现在要跟时间赛跑呀。

这儿的气候也影响了混凝土施工。由于昼夜温差大，而且夜里温度是零下，风雪时有侵袭，混凝土无法正常凝结，即使使用添加剂或烤火，也不能保证混凝土凝结。所以，干法施工比较理想。同时每一户都可能对房子的墙体、楼板、装饰有不同做法，因此需要因地制宜、具体处理。

2008 年 12 月 1 日

上午 10 点多，村民们集中在工地开会，乡党委书记、L 教授也参加了。

L教授公布了基金会资助购买钢料的情况，以及基金会捐助的一栋公共建筑的施工情况。乡党委书记发言表示支持。他们的发言给了村民们一些信心。

具体到施工小组的组成问题，大家在会上的意见是不换人，尽量给施工小组成员提高一点报酬，同时，户主也在饮食方面照顾一下干活的人，毕竟他们在冬季施工真的是太辛苦了。

工地上的临时工程会议

其实有些户主可以自己组织人力，那么他们能否按自己的想法去做呢？可惜这个会上没有人对此正式表态。

除建筑工程以外，与建筑工程有关的人的关系，永远是更有趣的现象。

中午12点才正式开工，大家铆足了劲儿，以令人吃惊的"深圳速度"，4个小时就完成了第二栋楼9个架子的组装，还包括吃饭的1个多小时！与此同时还完成了对第一栋楼的局部校正。

下午4点多收工以前，我们集中开了个工程小组会议，讨论如何更好、更快、更安全、更省力地上架。大家的反应也相当热烈，也许是对自己的工作比较满意吧。羌族兄弟们实在太棒了！他们组装钢架的速度已经远远超过了普通施工队！

我们之所以在这个时间点介入村民的会议，从观察者又变成干预者，最主要的原因就是村民间出现了一种谣言，说我们团队盖的那栋示范房是村支书的第二户房，村支书叫大家一起帮忙是为那户房做地基，现在大家不干了。我们只好出面说明这将作为大家未来的村史室和公共活动空间以及清华团队的乡村研究室，绝对不是村支书的私人财产。

另外，村民在天气转冷之后已不再愿意每天到工地来做工，所以L教授与乡党委书记一起参加村民大会，说一些"这钢架做得比专业施工队还好"的话，给大家打气。

2008年12月4日

10：20　我们一行6人来到工地，施工的村民们也陆陆续续地赶到。

10：40　开工、备料。小九在一旁指导着如何上螺栓、如何立架。我们详细地记录了9组钢架的立架过程。

11：18　开始起架1。

11：27　架1起毕，开始组助架角铁。

11：33　架1组毕，起架2。

11：40　架2起毕，组助架角铁。

11：47　架2组毕，起架3。

11：52　架3起毕，组助架角铁。

11：58　架3组毕，起架4。

12：05　架4起毕，组助架角铁。

12：13　架4组毕，起架5。

12：20　架 5 起毕，组助架角铁。

12：30　架 5 组毕，起架 6。

12：36　架 6 起毕，组助架角铁。

12：44　架 6 组毕，起架 7。

12：49　架 7 起毕，组助架角铁。

12：53　架 7 组毕，休息。

13：00　开工，起架 8。

13：09　架 8 起毕，组助架角铁。

13：17　架 8 组毕，起架 9。

13：21　架 9 起毕，组助架角铁。

13：30　9 个架子全部起架完成，收工。

经历了第一栋房屋的立架训练后，这个由村民自建的施工队（即钢架队）的技术越来越熟练，施工速度也越来越快。平均十三四分钟起、组毕一个钢架，用两个小时将 9 个架子全部起完。

每次起架的时候，大家会用羌语唱起节奏感很强的号子，每个重音伴随着一次发力，推架是由钢架队的壮汉完成，而拉架的都是来帮忙的羌族大姐、姑娘还有年迈的大伯。

午饭，我们留在了工地与钢架队的村民一起吃。午后的阳光烤在大家脸上暖烘烘的，每个人的嘴角都会闪闪发亮，大家不停地运筷和说笑，一个上午的辛劳随着那几盆菜被我们打扫精光。

14：20　拖拉机运来了钢料，开工。

上午，9个架子全部起架完成　　　　　　　　　　　下午收工时全景

14：35　开始上二层的主横梁。

16：55　4户的二层主横梁组装完成。

17：00　开始组装二层次梁。

17：32　二层的主梁、次梁全部组毕，清理工地。

17：40　收工。

下午，虽然大家没有合唱号子，但总会有人在劳动时哼起小曲。小九说，今天完成得很不错！

2008年12月5日

今天太阳爬过工地后面那座山的时间稍微错后了一些，当10点左右，阳光射向我们这片工地时，有人高喊道："毛主席来喽！"

另外的一队人在第一栋四联排附近开始挖坑、埋电线。需要把电线杆从堆放点抬到施工地，18个村民搭着3根横木，一路吆喝着"嘿士固、嘿士固"（音似，村民告诉我们这是羌语版的加油）完成了两根电线杆的运送，看得出很辛苦，但力用得很一致。两根电线杆在下午三点半立毕。

大概正午时，三层上的主横梁已经组毕，钢架队开始上拉杆，同时两个小焊工在一边不停地焊接。听小九讲，XYJ 老师觉得这两个小孩子的焊接经验和技术都不够老到，希望换掉他们。在第一次开会时，小九本想让自建小组的几个负责人留下跟他们讲这个事情，结果成员悉数到齐，让她实在无法在两个小孩子面前讲让他们丧气的话，因此留下了这两个小焊工。

13：05，三层的次横梁组毕，同时二层的 20 个拉杆做好了，大家午休。

其间还有一名云村的村民来到工地上，小心翼翼地和我们搭话，在他断断续续的讲述中，我们大概明白了，他的女儿在 9 号那天要出嫁到 M 县，请我们那天一定要过去喝喜酒。他觉得我们来到这里给百姓做事，给我们买东西或送钱都不合适，因此只能用这种方式表达谢意。我们欣然答应了这位热情的大哥，他也就满意地返回山上去了。冬季的云村虽然有点冷，但是有一场温馨的羌族婚礼温暖人心。

下午两点半开工，主要工作是继续拉二层的拉杆，组装房顶斜梁。五点半的时候，还有 9 根斜梁没有组好，但是大家都纷纷表示要完成全部的斜梁组装后再收工。随着夜幕的降临，工地越来越冷了，大家的号子声、歌声也越来越频繁、响亮，小九说他们在感到冷的时候就会唱出来，越冷声音越大。我们这才明白，原来劳动中的歌声是一种慰藉。

傍晚 6 点，房顶斜梁和二层的拉杆全部组装完毕。但是由于明天工地上停电，因此钢架队里的两名焊工和一名切割工要在收工后加班赶做三层的拉杆和柱子。大家聚在一起就加班是需要额外的加班费还是直接抵明天的工时这一问题展开了一番讨论，最后的结论是，他们三个人留下来加班，没有加班费但是明天就不用上工了。

2008 年 12 月 7 日

白天的气温也明显下降了，阳光的热力微乎其微，下午 3 点，山中已见不到太阳。

今天在工地完成了外廊、楼梯和阳台小屋的工作，刚好也就是 3 点收工，在菜地里，主人家请我们吃野餐，杂炖里竟然有鸡肉，须知这儿的人家一年也吃不到几次鸡肉啊。因为又一栋楼房主体完成，我们都很高兴，又以啤酒青稞酒来庆祝，并且纷纷唱起歌来。专管螺丝等零件的张叔——我们平时喊他"张螺丝""张盒子"等外号——今天也大唱起流行曲来。

云村的下一代，理应有更好的生活，眼前的永久性住房即将成形，将对他们的未来社区生活有着重要影响。住房的改善、与外界的交流、社区关系和村落物理结构的调整等因素都可能影响普通村民的心态。

2008 年 12 月 12 日

中午第二栋四联排的钢料到达云村。由于司机的疏忽，打电话通知村支书时，车程离村已不到 1 个小时。村支书颇感不满，因为大家都已外出做农活，通知不及时给他的动员工作造成很大不便。他急忙打电话通知了村里的壮劳力，敦促大家尽可能地赶到工地去卸钢料、验货。

小九与绰号为"兔子"的村民大哥在验货中扮演重要角色。经过大家的核对，发现上一批的补充拉杆还没有到货，这批货缺9根拉杆。同时，小九发现这批钢料的镀锌层较薄。

乡党委书记帮我们联系了村里一位常往松潘、M县跑车的大哥，周一早上载我们去松潘采购装饰材料。这位大哥很能干、很热心，他欣然答应做我们的采购指导，并表示如果在松潘购不齐全，周二再带我们去M县。

寒冬里的立架

2008年12月13日

这次，仅用4个小时，这支钢架队便完成了从组架到起架的工作。并且在起架过程中，他们摸索出使用木撑板抵住架子横竖梁交接处的方法，这样做可以起到防滑的作用。

工地上开始放鞭炮、敬香，以示对钢架成功起毕的祝贺以及对这4户人家的祝福。户主们准备了酒和肥肉片犒劳钢架队的弟兄们。其中一户的户主大哥举酒请神以保4户人家的平安。在大家的盛情要求下，我们团队的志愿者们都加入了为户主们请神敬神的行列。我们三杯酒下肚后就感觉头沉，四肢轻飘飘的。

当时，村支书建议可以收工了。但是钢架队的成员们均表示要在今日内尽可能多地完成任务。

11 月底南都公益基金会所捐赠的钢料已全部到齐，此时也全部立架完毕，能做的也就这么多了。

立架时已是冬天。冬天的云村非常寒冷，太阳常常要在中午 11 点才能晒到沙地，而在下午 4 点左右就落山了。在寒冷天气里钢架队用唱歌喊号子来自我取暖。伴随着铿锵有力的号子声，他们忘记了寒冷，完成了艰苦的立架工作。

## 二　示范房怎么办——换工的困境

由于天气寒冷，2008 年 12 月底至 2009 年 2 月初的日子里，工地全部停工。2009 年 1 月底，欧特克捐赠的 30 户钢料也终于到达云村了，大家趁开春之前，还未开始农忙，又热火朝天地干起来了。

这一次，村民们用一个绞盘发明了简易起重机，绳子的一头连上钢架的顶端，另一头连在拖拉机上。两队人马一起拉纤并做校正，一旦起架，七八个人就迅速爬上架头立横梁、拧螺丝，大家熟练了，默契度又高，所以速度很快。

2009 年 2 月底，云村 56 户钢架的立架工作全部完成。这个速度比其他工地中相同架构的立架工作都要快，而其他工地用的是专业施工队加上大型起重机。这令人不得不佩服！

立架工作完成后开始砌墙。按照村里开会讨论的结果，决定先完成示范房的砌墙工作。示范房和村民老柏的房子连在一起，也就是说要先完成这一栋双拼的砌墙。关于砌墙如何分工，村上开会决定，每户一天出两个工，一个砌墙工，一个小工，一天出 15 户。完工后结算工时费，示范房的那一半由村上以木板来抵消，老柏家那一半则以 50 元 / 平方米的标准来计算。对于这样的安排，村民有各种意见，对于先砌示范房的决定，村民好像并没有太大的异议，但对示范房的邻居老柏家有些不满。一是 50 元 / 平方米的标准，在当时算是偏低的工钱，村民觉得经济上受到了损失。二是开始砌墙的时间正值农忙，对于庄稼人来说，农忙的时间是异常宝贵的，在此时去给别人家砌墙，工钱还这么低，很多人认为老柏占了个大便宜。而对于这样的质疑，老柏也有很多委屈，觉得自己是做了试验品，房子质量到底如何还是个未知数。

在一次又一次的讨论与争论后，2009 年 3 月 17 日，示范房的砌墙工作正式开始。

2009 年 3 月 19 日

按照规定，早上 8：30 工地准时开工，但村民们没有来。老柏抱怨村民的怠慢。据说为了建这栋房子，村上费了很大的精力给村民做工作。其中一个原因是示范房和老柏的房子紧挨在一起，一些村民觉得老柏占了集体的便宜。

村支书、老柏和另外一个村民围着搅拌机研究线路的问题，这让他们有些头疼，看了半天线路图也没有研究出结果。将近 9 点的时候，其他村民开始陆陆续续到达工地。

据说按照规定迟到一个小时要扣 20 元。这个示范房的砌墙工程，是以每户出两个工（一个砌墙工，一个小工）、一天 15 户的形式来完成的，工时费按 50 元 / 平方米来计算。后来听说这个工时费是用来换建房顶所需的木板，所以关于工作酬劳的问题还不是太明确。

关于砌墙的分工，因砌墙需要一定的技术，因此全由男性承担。小工几乎都由妇女承担，主要负责和泥浆、运泥浆、运石头。小工中有两个男工，一个专门抢锤敲大石，另一个和泥浆。大石敲小后由一些小工搬运给砌墙工，另外一些小工和泥浆，将泥浆也运到砌墙工那里，然后由砌墙工砌墙。砌墙的过程没有人指挥协调，但身处其中的人都很清楚自己的职责，不得不佩服他们由来已久的协作精神。

休息时，男性围在一起抽烟说话，妇女则找个地方坐下做羌绣。一个妇女拿出一块布，在上面画花样，短短 20 分钟就已经完成。她介绍了羌绣和扎绣的区别，都是用小毛线来绣，但前者不需要样板，后者要先画个样板。据说这种工艺在现在这一代年轻人身上已经失传了，有些令人遗憾。

下午来了一群人，具体是哪里的不清楚，估计是县里来参观这栋房子的。听高工说好像建设部对云村的生态房很有兴趣，看来云村已经成为附近地区的一个重建亮点了。

下午 6 点，工地收工，村民各自收拾回家。今天的效率并不高，因为砌墙工中有很多是生手，速度慢，砌出来的墙质量不高。

2009 年 3 月 20 日

昨天为建示范房订的沙子早上送到了。

在路上问了一下沙子的价格，50 元 / 立方米。地震导致所有建材都涨价了，如果按照传统的方式用泥巴砌墙的话，这些沙石钱实际上是可以省下来的，不过村上要求统一用水泥和沙石，村民也只好照办。

早上 8：30 还是没能准时开工。

先来的几个村民围在一起抱怨时间太赶，农忙和修房子赶到一起，一是担心农活被耽误，二是担心自己的房子建造时请不到砌墙工，到时不能按时完工。

有些人觉得老柏占了很大的便宜，而老柏这两天也抱怨很多，觉得自己吃了亏。

8：55，正式开工。刚开始来的小工比较少，搅拌机又跳轮了。和泥浆赶不上砌工的进度，到处都是催要泥浆的声音。

拖拉机运来今天所要用的水泥。

中午时分，老柏、高工和村支书围在一起开了个小会，讨论关于房子第二层设计的问题。老柏和村支书建议两侧山墙还是用石头，房屋前面用木头，后墙用砖，这样可以节省很

砌墙的进度

讨论

多工时，同时也可以节约材料费。村支书大致算了一下，一面后墙大概需要 1098 块砖，成本会降低一些。后来经过讨论，大致决定就这样施工。

18：30，准时收工。今天来的砌墙工都是熟手，在速度和质量上都比昨天好得多。一天下来，两侧的墙体都已经接近一楼。

2009 年 3 月 21 日

到达工地时，本以为迟到了，结果工地上到的人还是很少。9 点多以后，村民差不多才到齐。

高工和老柏开始讨论二层屋面的问题，为了赶时间，老柏想先砌墙面再浇屋面，而高工则觉得需要先浇屋面，等屋面干两天再开始砌墙，这样效果会比较好。两人在这方面的看法不一致，老柏担心砌墙停下两天的话，后面很难再把人聚集起来，最后老柏还是按照自己的方案，准备先砌墙再浇屋面。

今天来的小工有几个是小孩子，还在念初中，可能是周末的缘故，家长派小孩子来当小工，这样可以替换一个主要劳动力做农活。这两天正好是土豆下种的时候，接着就是种玉米，时间相当紧张。

中午休息的时候，村支书和一个砌墙工有点争执，好像是关于分工问题。因为他们说的是羌语，没有听懂。

下午工长开始做门方。

下午高工和老柏又因为二楼室内房间设计的问题讨论了很久。老柏最后还是坚持自己的设计，将二楼的原有楼梯改掉，在房间右侧的山墙做走廊。这样一来，如果左侧还是按照原来图纸上设计的那样，左右就很不协调。至于最后到底要如何决定，老柏说还是要和村支书商量一下。

工地上开始下雨，后来变成了冰雹。所有的人都躲在木板下避雨，这场雨一直持续到将近下午6点。工人聊天的话题还是地震、房子，看来这两件事情对他们的影响重大，尤其是地震。

因为还有一些泥浆没有用完，而如果放到明天就不能用了，于是一群人在雨停后又继续开工。

2009年3月23日

到达工地时，村干部在工地上跟几个砌墙工讨论工程进度的问题。

大家都觉得这个速度太慢，原因是每天出工都不够，前几天来的人都没有达到30人，昨天只到了9个砌墙工和7个小工，这让他们更加恼火生气。

村支书决定从明天开始，将每天15户出工改成每天30户，争取在两天内将山墙砌好。

因为天气不好，工地下午早早收了工。

今天在路上听村民说起关于灾后建房贷款的事情，说云村大约有50%的村民已经将贷款用在别的地方，例如买拖拉机等，还有几户拿来放高利贷了，真正用来修房子的还是少数。最近总听到村民买车、买拖拉机的事情，不知道是不是用贷款买的。

2009 年 3 月 24 日

昨晚村上开会决定自今天起每天有 30 户出工，每户出两个工，所以今天工地上异常热闹。

虽然今天来的人比较多，不过听负责记工的工长说今天来的砌墙工只有 20 个，还有一些人没来。派工是有奖惩制度约束的，如果某一户一直没有出工，就要罚 200 元钱。

今天因为人多，加上有很多是熟练的砌墙工，所以进度非常快，两侧山墙已接近二层，明天就可以完成。二层的设计按照前几天研究的结果，在二层山墙开门，建一个走廊。

2009 年 3 月 25 日

今天是示范房和老柏家的房子砌墙完工的日子，中午老柏的妻子背来酒、小吃、水果，在工地上慰劳各位工匠，20 斤白酒一个中午就被大家喝完了。

18：30，全体收工，砌墙工作全部完成，历时 9 天，55 户村民经过三次轮换后，终于将砌墙工作完成。村上找了几个人开始丈量面积，核算工作量。算下来总体面积大约是 166 平方米，乘以 50 元／平方米，工时费总共是 8300 元，按照一天 30 个工、总共 9 天来计算，每天每个工大概有 30 元钱。

这个结果让很多村民不满，因为工时费至少应是 100 元／天。村民虽有抱怨却也无可奈何。按常理，两栋房子的砌墙工作根本用不了 9 天的时间，因为不是自己的房子，所以村民有些懈怠，晚来早走。即使工作的时候也并不是尽全力，所以拖了 9 天才完成。

## 三　各家各户砌墙与盖顶——换工与新规则

示范房的砌墙工作完成了，接下来就是修村民自家的房子。但对于村民来说，农时不能耽误。3 月正是农忙时节，赶着下种土豆、玉米。对村民来说这是来年生活保障的一部分。在权衡修房和农忙后，村民好像有些不知所措。每个人都想早点建好房子，但是时间不受他们的控制。村民无暇去顾及那些工地上的石头和孤零零的钢架。农忙完了，却又发现建房子不再仅仅是砌墙那么简单，事情好像更多了。

即使这样，对于接下来的 4 月，村民还是充满了期待。他们想到自己的房子，嘴角上还是挂着笑容，快了快了，房子就快建好了，生活也快重新开始了。

2009 年 4 月 1 日

早上又下起了小雪，气温下降了很多。4 月飞雪，这应该是我们过得最冷的一个春天了。今天云村有一户人家立碑，跟着老柏去参加酒席，才知道是给村主任妻子的奶奶立碑。

在云村，婚礼、葬礼、立碑、买车都要办酒席，连杀猪都要办酒席，而除了杀猪参加其他酒席是要送礼的，我们也按

终于砌好的石墙

还未开动的人家

照一般的送礼标准送上 40 元。

到了村主任家，老远就听到唱歌的声音，后来才知道是在念经。一群老年人围坐在一起，用羌语念经，从 10 点左右一直唱到下午 1 点多，当中会有休息，每停下一段时间再重新开始时，使用不同的语调，不知道内容是不是也有所不同。

立碑的地方是在山腰的一块地上，十几个人一起帮忙，据说这些都是和主人家有亲戚关系的，自愿来帮忙的，不会收取任何报酬，而且吃酒席时他们还要送礼给主人家。

立碑大概花了两个小时的时间。结束之后主人家请在场的人吃腊肉，而且说吃了这种腊肉就会百病不生，因为得到了 ayi（羌语"奶奶"的意思，这里指去世的这位奶奶）的保佑。我们也尝到了几片珍贵的腊肉。

下午两点半左右，酒席开始。有七八桌，每桌 12 个人。有这种酒席时整个云村每户都要出人参加，不管是住在云村的，还是阳村的。我们在酒席上就遇到几户住在阳村的村民，他们是专门来帮忙和吃酒席的。在酒席上，我们再次见识了羌族妇女的酒量。酒席一直持续到下午 5 点左右，几个羌族娘娘（阿姨的意思）留我们在寨子上歇（住宿）。好像他们表达友好的一个重要方式就是让客人留宿，经常会听到说请某某在家歇，即使这个人的家离得并不远。

2009 年 4 月 2 日
天气一下子变得很好。

原以为今天示范房会恢复开工，因为彩钢瓦也已经运到了，但没有一点动静。

老柏说要先安装彩钢瓦再砌砖和安楼板。村支书去 M 县还没有回来，没有商量好怎么安装彩钢瓦，工地上也没有其他的村民开工。于是今天继续休息。

下午高工来乡里走了一圈，说起建房的进度，真不知道 5 月 10 号能不能如预期那样完成大半。老柏、高工、村支书以及村民，都很着急，但又没有任何行动。

2009 年 4 月 3 日

早上村主任和村支书到老柏家召开了一个小型的非正式讨论会，主要是研究怎么安装彩钢瓦以及工程进度的问题。

会议大致决定明天开始安装彩钢瓦，技术指导工作还得要聂工来负责。他会在今天晚上到达云村。

2009 年 4 月 4 日

聂工和老柏、村支书、村主任讨论了关于房子后期施工的问题。

村支书和村主任跟着聂工的车去了 CP 乡，学习了一下 XYJ 工作室在那里的房屋建设的方法。

9：40 左右，以前钢架队的成员到了工地，今天他们要负责将 30 户没有楼梯的房子装上楼梯，商议一阵，最后决定以 3000 元的价格作为安装楼梯的工时费，平均一户 100 元，时间为 3 天。

10点，钢架队的 14 名成员开工，这些熟手的确是高手，不到 10 分钟，就将一户的楼梯安装好了。在我们离开工地时，已经装好了 12 户的楼梯，因为今天做了一些准备工作，所以估计会在明天全部完工。

预计明天安装示范房的彩钢瓦，今天老柏在搭架，先要将一些钢架捆在施工用的架子上，上面还要加上木板。今天架子已经捆好，明天搭上木板就可以开工了。

工地上又有两户准备开工了。今天在倒地梁和筛沙。听说拖拉机筛细沙的工时费是 120 元钱，而自己筛的话几乎是零成本，所以很多户房前都放了一大堆从河里直接挖来的沙石，准备在开工前筛出来和泥浆用，这样可以节省很多钱。

2009 年 4 月 5 日

本来计划今天安装彩钢瓦，结果因为村支书和村主任去 CP 乡没有回来，日期又往后推迟了。

趁着空当去了一趟 M 县县城，回来的时候遇到从 CP 乡回来的村主任。听说他们今天打算在 M 县买固定彩钢瓦的钢枪，但是不知道厚度，没买到，明天将模板带到县城，再由村支书去买。

这次村支书和村主任去 CP 乡专门看了盖钢架房以后要用的钢网，回来后特别兴奋地告诉我们使用这种钢网建造的房子质量很好，决定以后都要用这种钢网。

下午回来的时候我们去了工地一趟，30 户的楼梯已经完全安装好。

开始搭建帐篷的村民

拜祭山神

　　晚上村主任和老柏说起房子的事情，开始抱怨彩钢瓦的质量不好，还说聂工是个生意人。总之，关于楼梯，关于彩钢瓦，关于房子的成本，他们有一些抱怨。


2009 年 4 月 7 日

　　工地上和前几天相比热闹多了。走了一圈，人们大都是在做准备工作。村民开始在工地上搭帐篷，以后白天的吃住就在这边了，晚上也会有人留在这里看守材料，工地上一下子多了很多帐篷。帐篷全是清一色的救灾帐篷，听村民说这里的帐篷多得很，有民政部发的，还有十字会捐赠的，村主任家一户就搭了两个，说是一个住人，另一个用来放水泥这些材料。

　　有几户开始放线了。放完线就开始敬"山门石神"，点上香烛，把备好的腊肉和酒放在屋基的中间，然后放鞭炮，在四个角落插上蜡烛，嘴里还要念叨一些吉祥的话语。

几乎每户放好线都举行了这样的仪式。问他们敬的是什么神，他们说最大的神是天神，其次就是地神，然后是山神，这些神仙可以保佑家宅平安。

还有几户在倒地梁，原来的宽度都不够，墙体不能达到 40 厘米，所以要重新加宽。有几户进度慢的还在填地基、紧钢架，把这些做好才能放线，所以估计还要做一到两天的准备工作。

今天问了几户四联排的村民，大多是靠边上的两家负责山墙，中间的两户负责中间的隔层。而且一般都是自己负责自己家的，和我们刚开始想的四家合伙砌墙有些不一样。问了两户人手不够的村民，他们说打算请人，都是请自己的亲戚，一天的工钱大概是在 150 元左右，包食宿。不过还没有最后定下来，要请到人再说。

听说今年建房子的人很多，特别难请砌工，看来真的需要一些交情才能请到人。

2009 年 4 月 9 日

从昨天上午开始全乡又停电了，原计划的彩钢瓦也没有办法安装。上午和小九去工地清点安装彩钢瓦的材料，结果发现除了彩钢瓦和燕尾丝，其他的都还没有准备好。

小九找到村支书问什么时候才会下订单，村支书说需要等拿到

XYJ 老师那边的报价单，然后再召开村民大会，开完会后才会下订单，因为没有电，所以也拿不到聂工做的报价单。看来还要再等上几天了。

下午一阵狂风袭来，带来好多沙土，有点像北京的沙尘暴。村民说这是春风，只有吹过这阵风后，云村的天气才会真正变得暖和起来。不知道这是不是真的。

晚上和小九、老柏聊天，说到房子的事情，大家都觉得示范房的建造没有带好头。当初立钢架时村民们满心欢喜，而现在房子的施工问题却成了他们的一个难题。上级硬性规定的时间期限、巨大的成本以及一系列的问题，使建房这件事开始变得有些复杂了。


2009 年 4 月 10 日

上午十点半左右收到 L 教授的短信：昨天 M 县堵车，今天赶来云村。

原计划在今年 5 月 12 日举行村庄重建落成仪式，但推迟到 9 月底，本以为这样的安排可以让云村的村民喘口气，结果哪知道县上有规定，9 月 30 日之前重建要全部完工，虽然村庄重建落成仪式推迟，但是政府定的期限对云村村民还是一样有压力。

晚饭后，小九、L 教授、老柏和我们开始聊天。说得最多的还是房子的问题。其间有人提到村支书最近似乎向红十字会申请了捐助，L 教授很意外，决定明天要再和乡党委书记好好谈一下这个事情。

云村换工的传统，在震后建房的过程中因为劳动力的紧张并没有得到体现，但产生成了新的合作形式。有四联排四家一起建房，也一起购买材料；有四户各修各的，有明显的界线；有几户人家合作，一天一起修一户的；有请其他户帮忙砌有技术难度的部分，自己去其他户帮忙的。

2009 年 4 月 12 日

停电的第五天。

工地上除了示范房的施工之外都没有因为停电而受影响。有几户已经从牛寨和其他村子请到了砌工，所以今天工地上又多了许多人。其余几户也会在最近几天有帮工进来，请来的人大多还是有亲戚关系的人。

今天了解到有一户换工。因为这家以前帮过很多工，有大概六户欠他家的工，于是这次建房的时候这家要求其他六户还工。现在虽然一个砌墙工的价格已经涨到了 120 元 / 天，但是还工是不拿工钱的，完全是以工换工，只不过食宿由主人家负责。

本以为在劳动力紧张的时期，换工不能实现，但现在发现还是可行的。至于还有多少户采用这种形式，还要等过一段时间后才能有确切的统计。

晚上六点半终于来电。小九赶紧去查收聂工关于材料报价的邮件，可惜并没有收到邮件。只有等到确切的报价后，村支书才可以召开村民大会，才可以预订房屋所需的材料，所以只有等到预算确定才可以开工。

2009 年 4 月 15 日

今天彩钢瓦终于安装好了。

从 13 日开始到今天，4 个人在屋顶爬上爬下地工作了三天，终于在今天下午六点半完工。昨天运来的大门也安装好了，从正面看整栋房子已经有了雏形。

接下来的事情又是要等待了，等村里统计好购买的材料，才能开始进行下一步的工作。

工地上的房子有几户已经建到了二层。

村民充分利用了自己的智慧和人脉，采用各种方式来建房子。在这个过程中，产生出很多新的合作形式。

初见雏形的示范房

村支书家、村口第一户人家和采取合作方式的四户人家的建房进度很快。村支书是以 120 元 / 天的价格请本村的人来帮忙。村口的那户人家采用换工的方式，因为以前攒了很多工，又没有修过房子，所以现在一天有接近七八个砌墙工来换工，除了本村的，还有其他村子的。

四户合作的这四家，一是因为开工早几天，二是因为四户以前曾经合作过，所以效率很高，两边的山墙都已经接近二楼，应该是所有房子中进度最快的了。也有从外村请人的，或是请其他村的亲戚来帮忙的。

## 四　获赠的楼梯数量有缺口——均分

4月，云村再次出现了全体大开工的场面。虽然和去年冬天相比有些许冷清，但这并不影响村民的建房热情。4月初，解决了楼梯的问题，55户再次站在了同一条起跑线上，接下来就要看每家每户如何在有限的时间里完成这项巨大的工程了。

这30户楼梯的问题，也很有意思。云村所接受的钢料捐助中，有30户钢料是没有楼梯的，而另外25户钢料中包含楼梯。后来村上开会决议由全村55户平摊这30户购买楼梯的费用。

> 回忆起这件事村支书说：开会说的，不摊不得行，人家（供应商）不拉楼梯上来。总不能人家（没有楼梯的村民）莫（没有）楼梯的就自己倒霉嘛。后来又拉上来的楼梯，55户来平摊。
>
> 问：有没有村民不同意呢？
>
> 答：肯定有不同意的，哪都有爱小便宜的。像我们有楼梯了，你喊我们再拿钱出来，我们就不愿意。后来村干部就动员，说不存在，那么多钢架都没有要钱，这么点楼梯还是自己（村民）给了。当时村上还有一批重建的钱，村上就扣了一笔。
>
> 问：扣这个钱征求村民同意了吗？
>
> 答：肯定要征求村民同意啊，不同意也不敢去扣。只要有几户同意的话，其他的就不闹了。不然羞人（惭愧）得很，人家都给了，你不给。
>
> （来自村支书访谈记录）

## 五　墙体钢网的商业角力——自由选择

2009 年 4 月 16 日

跟着聂工去 CP 乡参观回来后，村主任、村支书特别赞同使用钢网，志愿者小九也极力推荐用钢网保证房屋的质量。

接下来的工作就是要让村民知道什么是钢网，该怎么用，当然还有村民最关心的价格和质量问题。

小九早早就起床画示范图，昨晚她从学校找来一块黑板做讲解用。上午村支书和村主任商量了一下，决定下午 2 点开村民大会。

下午 2 点 10 分左右，村民到齐，开始开会。多半都是妇女，因为男人们都还忙着砌石。村支书主持会议。小九给大家介绍和解释施工要点，重点讲解了墙体在房屋中的布局和抗震的效果。

村支书根据建筑师做的预算报表告诉大家墙体、楼板、屋顶的造价，钢网报价 22 元 / 平方米，加上水泥和沙子就是每平方米 30 多元。假如都依设计而做，大约每户花 2 万元就能将基本的主体完成。

小九在村支书说话时插了一句："这个房子是你们的不是我们的，我们不能强制要求你们按我们说的去做，但是我们都基于安全考虑，我们把安全合理的做法告诉大家。"会议持续了接近一个小时，关于建材的问题，村民讨论得最多。按照这样的报价和小九的解释，参加会议的村民都觉得很划算，一是和砌石墙的价格差不多，二是抗震效果好，于是会上几乎就已经统一了意见。因为购买钢网是需要提前交定金的，所以为了稳妥起见，还是给了村民

小九在会议上讲解　　　　　　　　会上讨论的村民

一天的时间来统计需要材料的户数，然后再由村上统一向 XYJ 工作室订购。

2009 年 4 月 17 日

砌墙的进度很快，有几户已经砌了接近一层，有几户因为劳动力不足而进展缓慢。关于二楼的楼板钢网，所有的村民都表示愿意用，但在二层墙体的材料问题上开始出现了小小的分歧。

隔户墙采用钢网好像也不是大问题，关键在于外墙的材料上。

大多数家庭愿意用钢网做混凝土墙，而小部分家庭坚持用石头砌到二层。这些家庭中，有人是出于经济的考虑，石头不要钱，家里又有劳动力，不必花钱去买钢网再请人帮忙做；还有人是出于对羌族传统房屋的偏爱，总觉得石墙才是真正的房屋。小九说如果用石头砌二层对房屋的结构是有影响的，因此不赞同这一部分人的做法。

对于村干部来说，这个问题就更加复杂，因为统规统建需要统一风貌，如果有的用石头，有的用混凝土，就不能统一风貌，但村上又不能强制每一户必须用混凝土。

　　下午 1 点左右，《中国日报》的两名记者到了乡里。下午我们带他们去了工地，他们用"热火朝天"来形容工地上的景象，对这些外来的人来说，云村的工程应该有很大的震撼力。

　　下午 4 点，小九从 CP 乡回来，带了一箱从广东寄过来的袜子，要分给以前钢架队的 18 个成员。她还带来 CP 乡那边轻钢房的照片，据说那边的房子让她有些失望，工程全部交给了外面的施工队，还听 CP 乡的村民私下议论干部从中吃了回扣，使房子每平方米的造价在 700 元以上，而且房子的结构并不是很好。

2009 年 4 月 18 日

　　今天下了一整天的雨，所以工地上很多户都停工休息一天。

　　村支书和村主任确定了房子的隔户墙、楼面和彩钢瓦的订单，一共 55 户，让聂工帮忙在成都订货。

　　订货时需要先付总价格三分之一的定金，这笔钱什么时候能够收上来还是个未知数，只有继续等待。

　　关于二层外墙墙体的争执暂时没有得到解决，只有等其他的做好以后再决定。

2009 年 4 月 19 日

　　小九给聂工下了订单，但是据聂工说楼板之类的材料至少也要等 10 天才能运到云村，因为厂家是根据订单现做的。

　　从 21 日起这里开始封路，不知道货什么时候到达。

有几户已经停工，等待做楼板的材料和彩钢瓦。之前提过的因采用换工方式而建设速度快的村口第一户人家已经率先将隔户墙都做成了石墙，而且坚持要将石墙砌上顶。小九对此很无奈，讲了很多道理，但是好像说不通。

村民觉得一直等着材料也不是个办法，抱怨说要是按照以前的建法，早就已经建好了。

2009 年 4 月 21 日

今天下午 2 点，工地开了一次村民大会，确定下一步的建筑施工方案。会议决定根据原来的设计来做，统一采用钢网材料，只能将石墙砌到一层。少数服从多数，力求统一，算是一个进步。

会上还决定，材料订单，除了楼板和墙体的用料由 XYJ 工作室出面联系浙江的厂家订货外，其他在构造上不是那么紧要的建材，由村民自己采购。

这解决了一个麻烦。据说有人怀疑设计师或村干部拿回扣或吃差价。在会上，小九建议设计师及早澄清，不要介入材料采购，除了特殊需要（楼板和墙体的材料采购就是一个需要特别控制的项目）。

最后村民都说"让小九决定吧，二楼砌不砌石墙"，小九只是说要根据原来的设计做，这样才更安全。会后，小九决定挨家挨户地走访，好好地向村民解释为什么不能将二楼的外墙砌成石墙。而接下来的事情，又是等待，等着材料的到来。

2009 年 4 月 27 日

今天云村有两件事很令我们激动。

第一件事，有两户等不到材料进场，自己开始建一楼的隔户墙了。

一户是曾经做过泥水匠的杨大哥家，用木板钉的模板中规中矩，轻钢之间拉的铁线也中规中矩，素混凝土的浇筑也中规中矩，真可以说是上乘之作！我们不怒反喜，告诉他们在轻钢之间加一道钢丝，将间隔收小，以免素混凝土墙整体开裂。

另一户是曾经做过钢筋工的李大哥家，他利用绑扎钢料的扁钢条和 8 毫米粗的铁线，编织了一面鸟笼一般的隔户墙！对于钉模板，他也相当熟练。

这两家的隔户墙建造手艺高超，具有草根的智慧和创意，而且他们对自己的手艺非常自信，令我们赞叹！虽然没有完全依照复合墙设计来做，但是就地取材、亲力亲为，保证了墙体的安全性。好棒啊！

第二件事，为了清场以方便综合服务中心施工，几个村民负责搬走了原来堆积在工地的钢材余料，他们不是搬完堆积的余料就算了，还满工地跑去找一些零散的钢料，包括一些被人取走去搭建工棚的料子，也扛回来归到一起，搬到指定地方去。从没有看过这么认真做事的"民工"，不对，在这片工地上，他们不是民工而是主人啊。从没有看过这么认真做事的"业主"！

村民自己做的
隔户墙

## 六 统一采购引发系列危机

近来，因为门窗安装的事情，村干部恼火得很。村民对订购的门窗并不满意，不愿意要货，而商家又以合同为据，觉得应该付钱，双方争执不下。村上召开大会给村民做思想工作，但村民就觉得受骗了。村干部只有拿出撒手锏，说要是不统一使用订购门窗，以后就拿不到红十字基金会可能给出的 1.5 万元 / 户的捐助。这下村民只好沉默了。

原本基金会示范房的门窗是在乡上定做的，后来村干部认为可以在眉山定做到质量更好、价格更便宜的门窗，于是决定全村统一购买。而且据村民反映，村上说如果不统一订的话，以后就不能拿到那1.5 万元钱（据说这笔钱是红十字基金会要捐赠的，不过正如 L 教授所说，这个承诺一直也没有兑现。北京红十字基金会和 XYJ 工作室在震后曾合作成立了一个"5·12 震区生态民居援建项目"，想在灾区提供资金补助以推广轻钢建筑，并希望在汶川 CP 乡的一个村子及M 县 NX 镇的一个村子各立一个项目。他们鼓励云村提出申请，这使得乡党委书记十分为难，因为云村已经获得免费的轻钢架，2.8 万元 / 户，而附近的其他村子重建进度很慢，又没有这么多的外界捐款，都十分羡慕他们。因此，这一项目很快就停止了，云村并没得到这笔捐助）。

门窗到货后，村民发现质量存在问题，而且与合同所说的有很大差距：窗玻璃从约定的茶色变成白色，厚度也不够。门窗的价格是小

门 325 元 / 扇，3 扇共 975 元；大门 780 元 / 扇；窗 250 元 / 个，3 个
共 750 元。村民要求供货商少收钱，否则不收货。

面对村民的拒绝，商家让村民向村上反映，村干部又让村民去直
接和商家协商，于是村民就觉得有些气愤，坚决不交钱，也不收货。
村民觉得村干部肯定是吃了商家的回扣，不然怎么会买这么劣质的门
窗，而村干部方面却大喊冤屈，觉得好心办事，却得不到理解。

为了缓和村民的情绪，三方协商后决定在原来的价格上每户少收
135 元，村民这才收下这批货。经过门窗事件后，村上决定原打算统
一订购的彩钢瓦还是让村民自己负责采购，只要求颜色统一。

2009 年 4 月 28 日

又有一户开始以土办法建造混凝土墙。

订购材料的事被拖延了，村民追着我们问材料什么时候到。但有
些村民还没有交定金，迟迟不能支付定金，怎么会有货到？

虽然是少数服从多数了，但是极少数的不合作者，可能影响整个
工程的进度。

昨晚我们有点为资金的日渐匮乏而发愁。很多原本就家境困难的
人已经很难继续投入建房资金了，而大家盼望的新一轮捐助款似乎也不
见踪影。有些人有这样的心理：捐助款来了，自家的钱可以留作他用。

盖房子对谁来说不是一件"烧"钱的事？但指望外界捐助而自家
不出钱是不切实际的。

对轻钢房抱怨的声音也出现了：要是采用传统的石砌房子或砖混

房，早就将房子盖好了。对于轻钢房，农民还没有把心态调整到能够理解其建筑形式与要求的程度。很多人以为钢架立了起来就万事大吉了，也不想听设计者的建议了，也有以村民为主导操作一切的想法。

这样一个全新的实验性项目，假如不尊重设计者的意见而自由发挥，后果是不堪设想的。

2009 年 5 月 9 日

农历四月十五是云村的庙会。庙会又称"哑巴会"，据说是为了纪念一位哑巴将军。

去年地震之后，庙宇塌了一半，农历四月十五的庙会也没有举办，转眼一年过去了，庙宇还是没有修复，但是人们已经恢复了庙会，就在倒塌了一半的庙宇内外举行。听说往年的庙会都盛大得很，全村男女老少将庙前庙后堵得水泄不通，还有好几处烧烤、卖零食的摊位，人们要趁这一天好好休息，在草地上睡觉，或聚众打牌，或聊聊天，老人们则专心念经，最后全体野餐，开大食会！对小孩子来说，这可是比过年还好玩的节日呀！

今年因为都忙着建房，来庙会的人不多，我们上午 9 点多到达，只有几位长辈在烧香。本村的风俗是不限男子进庙，但 12 岁到 50 岁的女子不可进庙。女子进庙要到 50 岁后由家人集体护送来庙会举行一个仪式才可以。

我们数了一下，今天有 13 个阿婆和 7 个老伯聚在庙里用羌语念经。

年轻人都不会念，也不明白经文的意思。羌族的文字已经失传，经文没有以书面形式流传下来。对于口口相传的羌语佛经，现在已经没有什么人懂得它的全部含义了。

上午十点半，念经正式开始，其他人都在庙外玩耍。下午两点左右，念经仪式结束之后，大食会正式开始！

每家都带来一个炭烧火锅，现煮现吃，食物很丰富：火腿、香肠、野鸡肉、蔬菜、粉条、腌鸡爪子、海带、猪耳朵、凤尾鱼、炆排骨（家里煮好带来的）、猪头肉、皮蛋、花生……大家坐在一起，喝啤酒、白酒、可乐、雪碧。平时分了家的兄弟姐妹又聚在一起坐成一圈，还有五代同堂的。大家说说笑笑，酒喝得特别快。所谓的大碗喝酒、大块吃肉，就是这样吧。大食会一直开到接近下午5点！又来一次集体转山。老人们唱着经，大家都拈着香，绕着小庙的山包逆时针行走三圈，之后集体在庙门前插香，结束后方才说说笑笑地散去。

现场留下很多塑料瓶子，我们和两个大孩子一起捡了集中放在庙门外。据说明天会有人来打扫。


2009 年 5 月 13 日

工地上开始出现施工队的影子，有些家里缺乏劳动力的村民要请施工队来做混凝土和粉刷工作。

听一位大姐说她家因为没材料也没人手，石头、沙子都是买的，工匠也是从外面请的，到今天为止已经将贷款和国家补助都用光了（约 4 万元），才砌了三面石头墙，盖到二楼。原来她们那一栋的 4 户人家都是坚持砌石墙砌到二楼的,付出的代价太大了。但事已至此,只能硬着头皮做下去了。

今天全村55户的一层墙体全部完工,门窗也都已经安装好,只有两户使用的不是村上统一订购的门窗。

按照乡上统一的要求,现在每户都在赶着建厨房。

已经有三十多户做好了一楼的隔户墙,还有十几户也在开始做。一楼的隔户墙的做法是村民自己想出来的,用铁丝交织固定在墙体钢架上,再用木板做成盒子,往里面灌上砂浆。这样比用钢网做能节约很多成本,但是在质量上也有缺陷。

二楼的隔户墙要等钢网材料运来以后才可以做。

不过示范房没有新的进展,其中的原因既有村上和老柏家关于隔户墙的分歧,也有村上经济限制的问题,事情开始有些复杂了。


2009 年 5 月 14 日

开始做示范房的间隔墙了。村上请了来自重庆的一些工匠,短短一上午的时间,示范房这边一楼的砖墙就已经完成了。下午,老柏家这边的混凝土墙完成了一层,示范房的两个一楼砖墙都已经完成了。

这支小包工队是村支书请来的,据说村支书家的隔户墙就是他们做的,价格是 1000 元一个间隔。示范房的隔户墙都由他们来做,示范房那边做砖墙,而老柏家这边决定做混凝土墙,所以工钱也不一样,砖墙是以 17 元 / 平方米来计算,混凝土墙则是以 800 元 / 间隔的价格来计算。这些人做完墙体以后,将会负责墙体的粉刷等工作,可以说，直到今天，云村的村民才开始借助外部的施工队来建房，这主要是因为有些技术是村民不能掌握的。而且和村民自己做的隔户墙相比，这些工人做的的确要好得多。

开始动工的厨房

现在每户人家都以建厨房为首要任务，厨房是用石头砌，用泥巴来黏合，这样做其实既可以省去一大笔水泥钱，而且还比砂浆更有黏合性。有几户请来了自家的亲戚来帮忙，所以进度很快，有几家劳动力缺乏的家庭还没有开始动工，要等一层隔户墙做好以后才能开始，进度较慢。

2009 年 5 月 15 日

今天老柏家开始做第二层隔户墙了，因为钢网还没有到，所以示范房这边的二层墙体还没有办法开始做。

小九指导"兔子"大哥将示范房的二层钢架的连接点都用电焊点了一遍。因为下午下雨，只完成了示范房这边的电焊工作。

电焊的工具是租来的，每天 20 元钱，因为村里会电焊技术的人不多，以后其他村民需要点焊的时候焊也要请人。

今天发现以前一起砌石墙的 4 户已经开始分开做隔户墙和厨房了，其中一户的主人说这是因为他们家的主要劳动力要去松潘一段时间，没有办法出一个同样的大工了，所以 4 家就解散各做各的了。连住的地方也分开了，以前是4个帐篷搭在一起，现在有两户搬到了另外一个地方。原本以为这4户会成为这次建房中的一大亮点，一直持续合作下去，但现在看来不大可能了。

2009年5月18日

早上刚到工地，就听说阳村有位89岁的老婆婆昨晚去世了，从今天开始办葬礼。村民说从今天开始，要请寨子上年老的婆婆来念经，因为阳村会念这种经的婆婆不多，要从云村请人来帮忙。

听说那种经要从早上一直念到晚上，而寨子上的年轻人晚上会全部来守灵。这一行为差不多是约定俗成的，不需要主人家特别的邀请。

中午趁着空当去阳村办葬礼的那家看望。主人家热情地邀请我们坐下喝茶。一群老人围在一起用羌语念经，这种经调我们曾经在村主任家立碑那天听到过。有一个四十岁左右的男村民在一群老人中特别显眼，他是这家的亲戚，是主人家从云村请来念经的。我们越来越发现云村和阳村的社会网络延伸到彼此，其中一个主要的纽带就是亲缘关系。

2009年5月19日

吃过晚饭，和小九步行去了阳村。远远地就看见办葬礼的那家灯火通明，院坝里已经坐了很多人，阳村和云村寨子里每家都至少来了一个人。后来才知道因为阳村和云村原本是一个大队分出来的，所以两个寨子中很多人都是亲戚，虽然两个寨子现在已经在行政上有了各自的分属，但联系依然紧密。我们进屋将带去的鞭炮和草纸交给主人家，然后点上一炷香。我们和小九都不大懂这样的规矩，在别人示范后照做了一遍。屋里也坐满了人，死者的大女婿一直在外面招呼前来的人，给来的人分烟，其余的孝子在里面忙碌着。

进门后发现棺材前面亮着很多油灯，这里的人称之为"点灯"，有多少岁就点多少盏灯，这家的婆婆有89岁了，所以足足点了89盏灯。这种油灯是将土豆掏空，在里面放上灯芯和香油，香油是死者家的亲戚送来的，据说头上包白布的，都是这家的亲戚，来的时候会送上一瓶香油和草纸。不是亲戚的只送鞭炮就行，即使不送也可以，因为明天酒席时会送钱。

晚上9点左右，差不多两个寨子的人都到齐了，大家围在一起，组成一个长方形，开始念经。屋里的人先带头，外面的人再接着念，整个场面可以用壮观来形容，我们也再次聆听到羌族人的歌声。寨子上年轻的一辈表现得特别活跃，不时地要带头吆喝几声，中途会有人敲锣打鼓。不过据说他们虽然还会念，但已经不懂自己所念的是什么意思了。因为没有文字，如今羌族的很多文化习俗在向下传递时都"打了折扣"。和外面热闹喜庆的场面有些不一样的，是屋里孝子的哭丧，死者的女儿跪在棺材前哭唱，据说因为这位死者是高寿，是喜丧，所以除了家里的人，其余的人并不用表现出悲伤，如果是年轻人去世的话，在座的人都要流点泪才行。

夜里10点我们离开时，念经还在继续，十几分钟后酒席开始，这样的热闹一直要持续到深夜。在我们看来，葬礼是为了表达对死者的哀悼，但这里的葬礼表现出的更多的是村落共同体中的社区凝聚力。

2009 年 5 月 20 日

因为今天出殡，所以工地上全部停工，这里的风俗是出殡的那天是不宜动土的，全寨子的人都去阳村吃酒。酒席从上午开始，一直持续到下午。需要等到太阳晒不到的时候才开始出殡，大家吃完酒席以后也不离开，等着太阳落下。

六点半左右，人群里响起了号子声，分散开的人开始聚拢，后来才知道这算是一种集合的口号。死者的女儿女婿开始跪在棺材旁边号啕大哭，寨子上的男性都围在一旁念经。

念一阵经文过后，出殡仪式开始，几十个小伙子抬着棺材，一路狂跑。按这里的风俗，抬棺材不能歇气，要一口气到达墓地。好在墓地不远，不到 5 分钟，棺材就已经被抬到了目的地。

年轻人开始帮忙放棺材、埋土、立碑，而妇女则安慰一直哭泣的家属。每个年轻小伙子在这个时候都不能偷懒，否则会被说教。等一切都差不多完成时，小伙子们开始用石头将抬棺材用的木头折断。寨子上的小伙子要抢着折断木头，以此来证明自己能干，而不能折断木头的人是会被笑话的。这些木头是用来在坟前烧火用的，不过不能一次烧完，要分三天来烧，叫作分火。

棺材入土后，寨子上的妇女就全部离开了，包括死者的女儿和媳妇，然后主人家开始给周围的人分腊肉和酒，吃了以后可以保佑健康。

葬礼整整持续了三天。云村和阳村全体出动，住在老寨的五保户陈大叔也参加了酒席，足以见得这场葬礼的隆重。我们想之所以全村人都来参加葬礼，不仅是因为村民对死者尊重，更是因为整个寨子一直保持下来的传统对村民形成约束力。这种传统约束力，并不来自任何基层政府或者成文法律，而是传统乡土社区中自然形成的社会规范。在今天的很多农村，已经看不到这种乡村内部自发形成的社区规范，而在云村和阳村这一传统仍然保留，不得不让人觉得格外珍贵。不知道随着寨子进一步融入外面的世界，这些淳朴的东西是否还能得以保存。

2009 年 5 月 21 日

昨天的葬礼过后，今天工地又恢复了往日的繁荣和忙碌。早上去工地遇到村支书和村主任，小九希望可以尽快召开村民大会，让村民知晓钢网缴费的事情，村支书满口应允。

上午 10 点左右，村干部和县里的一些领导在一个房间开会，门窗都锁着。这个会开了一个小时左右，等到书记和村长出来时，小九对示范房的一些不合理之处提出了意见。

村主任说今天下午会召开村党支部和村委会成员会议和村民大会，但我们发现村党支部和村委会的一些成员都不知道在什么地方开会，而村民对村民大会也一无所知。我们询问村民是否要开会时，有个村民回答我们说，"他们那些领导在开，和我们没有关系"。不知道这样的话语里是否有赌气或者说抱怨的情绪。

小九则对房子的质量很担心，因为购买钢网的钱没有收齐，钢网一直没有办法运来，有些村民开始试图将二楼做成砖墙，但这样的做法完全破坏了整体结构，根本起不到抗震的作用，所以小九坚决反对。

因为包工队怕麻烦，小九的有些建议也无法在示范房得到完全的实施，房子的质量又打了折扣。自从18个人组成的钢架队完成起架任务后，村里就再也没有出现过这样的组织，如果当时村里一直保持这样的形式，将村民组成一个施工队来建自己村子的房子，不知道是不是会省去现在的一些麻烦，但是不是又会产生其他问题？

但是现实中没有那么多"如果"了，只有继续前进。希望这样的混乱只是暂时的。


2009 年 5 月 22 日

听村主任说昨天的村两委会开了很久，决定今天召开村民大会讨论钢网的事情，但下午村主任和村支书都不在，村民也不知道要开会的事情，所以村民大会不了了之，不知道又会拖到哪一天。等到厨房全部完工的时候，如果材料还不能到位，整个工程就要搁置下去了。


2009 年 5 月 23 日

下午两点多小九从 M 县回来，村上原定两点召开的村民大会也因各种原因推迟到了 3 点后。这个大会主要是讨论二楼楼板和墙体的问

题，村上希望每户可以再出 1000 元（之前已经交了 2000 元的定金），
先将钢网运来后再收尾款。

　　小九也希望以这样的方式尽早拿到钢网材料。不过经历了门窗事
件后，村民和村干部好像都对对方有了戒心。我们大致记录了开会的
情况，村民讨论的重点就是如何快点拿到货。

## 【会议记录】

　　村支书：钢网已经到了成都，但龙骨要在成都加工一部分，
就需要再交 50000 块钱，不然就不能出货，所以现在每家还要再
交 1000 块钱，才能取得到货。具体情况要小九来解释一下。

　　小九：要我们来解释材料为什么到现在还没有到吗？ 4 月 21
日我们已经交了 1/3 的定金，大家应该还记得。说十天之内在浙
江那边的厂商就会生产完运到成都，那货到达成都是 5 月 13 号，
我们就要求了不止三次，把货运上来，然后再给钱。但是后来了
解到很多不同的配件是在不同的厂家生产，那么就有一笔这样的
费用。所以现在这笔费用要尽快凑齐，包括运费，总共 50000 块，
就会从成都运上来。因为现在厨房都已经修得差不多了，就看这
两天能不能把钱收起来，马上发货上来。

　　村支书：现在老百姓关心的是马上拿货，不然真的要影响进
度，到时县上还会来追我们的责任。因为我们整村推进已经立项
了，就必须要在规定的时间内完成。现在把后面的钱收齐肯定不现
实，现在每家就都交 1000 块，把这个 50000 块凑齐，让厂家快点

发货，货到了，下一家的东西，给一家的钱。你们觉得意见如何？

村民一：钢网来了不要也不行，那时说的那个价，现在这个价，钢网来了我们哪里去找那些钱？

村民二：钢网价格高了，要不起，老百姓受不了，下一家货给一家钱，恐怕又像门窗那样被敲杆杆。

村主任：说到门窗，我们要提醒一下，万一拉上来你们又都说不要，像门窗那次一样，那人家咋办。而且定金都已经交了，就算不要也退不了钱。

村民三：我们墙网不要了，楼板网要，3000块钱的定金，就拿3000块的货，楼板网才两千多，喊他们厂家先发货上来。

村民四：二楼弄好了就行了，三楼就不用了，不用讨论了。

村民都希望能先将做楼板的材料拿到，顺便让厂家带一点做二楼墙体的钢网来，看了质量后再决定是否购买。还有些村民因为觉得钢网实在太贵，想以自己做铁丝网的方式来做二层的前后墙体。

对于这样的想法，小九坚决反对，反复给村民解释二层墙体的重要性。小九从一楼讲到屋顶，将她认为必须做到的施工程序都进行了交代，然后讲从一楼到屋顶的费用，好让大家知道完成基本的主体要准备多少钱。但是村民关注的焦点好像不是在这里，而是主张他们自己做外墙，只购买二层楼板的材料。也有人问假如材料不要了，定金能不能退？小九说可能追不回定金，村民就恼火了：你们搞的，关我们老百姓什么事？

或许真的是因为钱的问题，村民开始产生这么多的争执。看到这样的情景，小九着急得差点哭了，看得出，她很失望。直到最后大会也没有做出明确的决定，只有看明天是否有进展了。

在钱和安全两个问题上，哪一个重要？或许这是现在村民最难的选择了。不得不说，这是一次很有转折意义的会议，村民对于建筑的设计者，对于村干部都极其有意见。

工地上的大会

2009 年 5 月 24 日

昨天的讨论最后终于有了结果，村民决定先购买做二楼楼板的材料，至于墙体的钢网，则等样本来了以后再决定。对此，小九也好像有心理准备，因为在汶川另一个轻钢房的工地上就曾经发生过这样的事情。

今天示范房这边的墙体已经抹完灰了，处理后的墙体和原本的石墙相比，的确精细了许多。工地上 80% 左右的村民已经完成了厨房的砌石，其他几家还没有完工的也开始请人加快进度。

因为牛寨的砌工差不多都去其他地方挣钱了，所以请来的砌工大多还是本寨子和阳村的。有一些是还工的人来还工，有一些则是花钱请工，还有一些则完全是亲戚间的帮忙，在这些形式中，还是以花钱请工的形式最为常见，还工的还是少数。

2009 年 5 月 27 日

工地上已经有 90% 以上的村民砌好了厨房，接下来的工作就是填地平，其次就是等做二楼楼板的材料。

示范房已经停工三天了，因为没有材料，施工队的人只好一再催村干部。但是材料不到，村干部也没有办法。上次开会本打算做出决定，可最后也没有得出结论。

2009 年 5 月 30 日

今天工地上贴出了一张云村财务公开表，记录了所有资金使用的情况。

已经开始安装昨天运到的彩钢瓦了。

安装彩钢瓦的人是从遂宁请来的，是一户村民的朋友，前几天在这里做泥水工，现在粉刷完成后，就开始安装彩钢瓦。安装一户人家的彩钢瓦只需一天时间。但或许因为怕麻烦，施工队并没有在房顶铺牛毛毡，也没有钉木方，而是直接将彩钢瓦钉在了彩钢上。上瓦的工钱以 7 元 / 平方米计算，一个房顶大概需要 1000 元左右的工钱，加上彩钢瓦 3600 元 / 户的价格，总共需要将近 5000 元的费用。

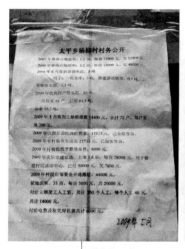

财务公开表　　　　　　　　村民自己采购的彩钢瓦

据说还有二十几户也已经钉好了彩钢瓦，全是村民自己组织的，没有经过村上的统一安排。不知道这种暂时性的村民采购自组织形成的核心在哪里？是如今的邻居关系，还是原本的亲戚关系？

2009 年 5 月 31 日

做二楼楼板的钢网今早拉到了云村，却因为只到了 25 户的材料又导致村民起了争执。最后还是以抓阄的方式来决定材料的分配。

明天村主任会在聂工的技术指导下，先做钢网安装的示范，让村民看一下。

小九说正在安装的彩钢瓦不避雷，让我们和村民说一声，必须按

终于到来的钢网

卸货

照示范房的做法来做。可是一户已经安装好彩钢瓦的村民根本不理解，还说如果要返工的话，就让我们给钱。

我们心里有点气愤，不过就像小九说的那样，房子又不是我们住，我们只能提出建议，至于是否接受就在于他们的觉悟了。但下午去工地的时候，上午那户人家的大哥居然主动向我们道歉，说上午的语气重了点，让我们不要往心里去。

其实我们也能理解。建房已经很让人心烦了，各种各样的约束又让他们手足无措。

2009年6月4日

今天先在村主任家做了一部分钢网示范墙，希望村民看到样板以后再订货。

目前村子里的工程开始分成两派，一派是请外地的彩钢瓦施工队，他们也做楼板，还有一派是依靠村里和聂工的技术指导。前者是靠私人关系将施工队请到村庄的，而后者则多是政府行为。目前看来，两派都有各自的拥护者。

最后到底是哪一派更占优势，就只有看事态的发展了。

2009年6月7日

农历五月十五，是云村的转山会，据说以前这是个很重要的日子，全寨子的人都要爬上最高的那座山敬神。
不过近几年因为人们嫌山太高了，很多人已经不去了，尤
其是女性，已经完全放弃了参加这项活动。

今年的转山会更是冷清，因为要修房子，很多家都留
在下面赶工。我们早上跟着云村的王大哥爬了整整 3 个
小时 40 分钟，到达山顶时，已经有几个老人开始敬神了。
对于他们来说，天大的事情还是比不上传统的敬神重要，
即使是建房子。对于我们能爬上山顶，老人们倒是很惊
奇，因为他们觉得外来人是没有这么大的耐力的。

老人说在羌寨，山神就是最大的神，尤其可以保佑家
畜平安，这几位上来的老人家里都有牛羊或者马。他们带
来鞭炮和一种印刷的经文纸，还有香烛以及腊肉和馍馍，
供奉山神。一切仪式结束后，他们就将贡品拿来分给在座
的人吃。

祭神

2009 年 6 月 12 日

中午回到云村，立刻又在奔忙中度过，觉得时间被我
们拉长了似的，现在都还没回过神来。首先，一回到工
地，就遇上有史以来最严重的信任危机：村干部、村民、
建筑设计者、供货商、清华团队、资助方，谁也不相信
谁，谁都在怀疑谁，从年初开始积压到现在的埋怨和猜忌
情绪，终于一触即发。

分食

有很多以公益为出发点的建设项目做到后期，不是"烂尾"，就是草草收场。我们不忍心看着这个项目"烂尾"，所以就回来做点力所能及的工作。

走访了所有的户主，已经过去一夜又一天，接下来将相关信息贴到墙上做一个公示，事情还没有结束。

当晚和第二天都面临户主变卦的情况。一边走访户主传达信息一边劝自己要耐心倾听，不能发脾气，这真是很好的练习，以后也许可以当保险业务员继续去"洗楼"了吧。

如果说之前的"门窗事件"曾使整个村庄蒙上一层不信任的阴影，那么后来的"钢网事件"却真正让整个村子分裂了，以致后来村干部不想再提钢网的事情，而村民一听到钢网就觉得气愤。在那之后，村里就再也没有统一订购任何建材了。

村民不信任村干部，村干部又感到委屈，总之，以前整体协作的村子分崩离析了。

## 七　重建步调趋缓

2009 年 6 月 25 日

时至 6 月底，村民们大都在砌二楼的墙体或者安装彩钢瓦。

整体上看来全村的进度差不多，一楼的石墙都已建好，二楼的墙体都还在进行中，有一半的家庭安装好了三楼的彩钢瓦。

昨天上午 9 点，55 户之中完成二楼墙体的共 8 户，三楼房顶仍未铺上彩钢板的共 7 户；今天上午 9 点，55 户之中完成二楼墙体的共 9 户，三楼房顶未铺彩钢瓦的有 3 户。这是我们所能观察到的工程进度。

我们在这里的任务有两个，一是记录重建过程、筹建村史室，二是兼做学术研究。原计划是要在这些天完成云村的定量问卷调查的，然而村民忙于修房，忙于撒化肥，忙于出去挣钱，比较空闲的只有小孩和放假在家照看小孩的大孩子，很难找到一个正值青壮年的户主愿意坐下来接受将近一个小时的问卷调查。

附近的菜农向云村村民贩卖新鲜多样的蔬菜

今天比较幸运，中午遇到了一位做饭的大姐，比较清闲，恰好其他的家庭成员也都在帐篷附近，问卷调查也很顺利；下午临近晚饭时间又找到一户人家，老人坐在帐篷边，家里的媳妇在烧水做饭，户主也挑着水从外面回来。

问卷调查给了我们一个和村民深入交谈的机会，让我们开始更深入地认识并了解村里的

妇女、儿童齐上阵

人。在交谈中，很容易感受到村民对政府的赈灾政策和给予云村帮助的外人都抱有深切的感恩之情，也不难发现他们对建房的种种抱怨：房子建得太慢，已经大半年了还不能入住；家里的钱已经花光了；这样慢的进度耽误了他们打工挣钱……

下午一辆卖菜的面包车开到了村里，在路边摆上从县城运来的新

鲜蔬菜和肉类，十几个妇女有说有笑地聚拢过来买菜，这时的村子，有了些热闹、喜乐的气氛。

从去年打地基、立钢架，到今年砌石墙、买钢网、买彩钢瓦，每一户都投入了极大的人力和财力，原本富裕一点的家庭或许还能有些节余，但那些原本就不富裕甚至生活困难的家庭已经很难再拿出钱来盖房子了。有些家庭只得不定期地外出找些零活儿赚点钱，然后立刻用赚来的钱买材料、请工人。

2009 年 6 月 27 日

清晨，天空有些云，还没进村，太阳就冒出来了，工地上尘土如烟。

今天问卷调查的对象是一户家住阳村的云村村民潘大哥。

云村的老寨在山上，生活很不方便，十几年来不断有云村的村民在山下的阳村购买宅基地，并把家安在了阳村，但是他们的户口仍在云村，搬下来的 23 户组成了云村的第二村民小队。潘大哥家便是其中的一户。之前我们了解到，这半年多以来云村的结构已经发生变化，传统上一队、二队的划分越来越不明显，取而代之的是"盖房子的"和"不盖房子的"。表现比较明显的就是"不盖房子的"对坝上（新房地基处）的事儿不闻不问，虽然有时会过去帮亲戚干些活儿或者闲聊一些家长里短，但是建房这事儿与他们没有什么关系，所以他们也不关心村民大会的内容。

潘大哥是云村的团支书，他家的房子受灾较轻，加固维修之后就

搬了回来。作为一名村干部他仍会在空闲的时
候去工地上帮忙，算是完成村两委分配给的任
务。潘大哥对我们的访问很配合，但他不太愿
意发表个人的看法或评价，对很多问题都是泛
泛地说"我们这段时间都在外面打工，我们不
清楚是怎么回事"。

做针线活的云村妇女

按照随机抽样的原则，我们应该对他的妻
子进行访谈，她明确地跟我们说"不要问我
们"，当潘大哥和他们的女儿用羌语劝说她的
时候，她有些不耐烦地想起身出去，但是出于礼貌并没有走，而是慢
慢地用汉语跟我们说："你别问我们了，我们是女人，我们啥子都不
懂……你去问下面（新房地基处）那些女人，她们啥子都会说，他们
汉语说得好"。

今天和几位大姐闲聊，得知村子里有三个小女孩被县里选去排练
舞蹈了，据说她们将穿上最正宗的羌族服装去北京参加一场盛大的表
演，所以这段时间里孩子们的妈妈和会羌绣的亲戚们一有空就会拿出
针线给孩子们赶做跳舞穿的衣服。


2009 年 6 月 28 日

阴雨，有点冷。建房的工作大都停止了，偶尔只有几户人家会趁
雨停的片刻去拌泥沙；但这对于我们来说是做问卷调查的好机会，可
以比较容易地"逮"到户主。

杨大叔家是今天的受访家庭之一。这个家庭令我们印象深刻；两个68岁的老人带着一个8岁的孙女；儿媳与儿子离婚多年，儿子也早在多年前就去广东打工了，地震后给老人打过一个电话，却始终没有回家，也没给过家里一分钱。因为杨大叔年龄过高，不符合贷款条件，没得到建房贷款。他们在用光了灾后政府发放的补贴之后，又用光了家里多年的积蓄。下一步该怎么办呢？因为杨大叔迈体衰，村里愿意与杨家换工的人家也越来越少，老人的新房子只得靠几个亲戚抽空帮忙慢慢盖。

晚上回到旅馆，听另一个志愿者聊到老人的二儿子其实也在村中，父子之间似乎不合，虽然两家的房子紧挨着，但父亲在拌砂石时儿子却只是在一旁若无其事地歇着。回想一下白天的情景，在一个多小时的谈话中两位老人从未提到过自己还有第二个儿子；而在后来对杨大叔二儿子的家户调查中，夫妻两人抱怨生活困难时却也从未提到过还有老人健在……

晚上又开始下雨。

全乡又停电了，这一次不知道会停几天。有一次全乡停电5天，照相机、电脑全都没电了，几乎与世隔绝。

【本章小结】

在这一章中，我们通过日志展现了云村重建的自组织规则设计，首先是开展集体行为的具体方式，我们将其称为制定操作规则，它直接影响行动者关于以下问题的决策：何时、何地以及如何提取资源单位；谁来监督并如何监督他人的行动；何种信息必须进行交换，而何种不能；对于不同行为和结果的组合如何进行奖励或制裁等。例如，钢架起架阶段的换工合作、村民合力建示范房、各户进行房屋主体建设时采取的新换工规则以及楼梯数量产生缺口时的均分等，这些事件都体现出在重建自组织过程中村民们根据行动的发展不断进行操作规则的调整。另外就是涉及集体决策制定集体选择的问题，它间接影响操作选择，通常行动者及公务人员在管理公共资源时使用。例如，关于房屋材质的选择问题、规定四联排的房屋屋顶须统一，等等。

　　我们再次看到了使得村庄自治能够实现的能人现象。作为云村重建过程中扮演能人角色的村支书，他在完成合作网络的动员之后，又置身于自组织规则的制定与维护之中。他需要重视"均分"与"人情"之间的平衡，一方面能人要均分资源，以显示公平，获得人心；另一方面，又要考虑人情的重要性，这在第八章有详细的论述。同时，以上因素对自组织内部信任机制的建立起到了重要作用，本书第七章谈到了能人声誉以及自组织规则运作中信任的建构问题。在这个过程中值得注意的一点是，能人不仅是自组织过程中规则的监督者也是被监督者，他们作为信任的建构者也同样可能导致信任的破坏，本书第七章探讨了自组织内部的信任危机。因此，做事公平透明对能人来讲是维护网络稳定的关键所在，但当由他们牵头进行的建材统一采购出现问题时，云村内部产生众多流言及抱怨，此时社区内的集体社会资本下降，重建进入了进展缓慢的瓶颈期。

从传统节庆与葬礼中的行为可以看到云村"乡规民俗"的力量依然强大，也有很强大的监督机制与声誉机制，使得每一个人参与其中，分工合作。这种力量在建房换工的早期也运作得不错，钢架小组立钢架和砌第一层石墙时，看不出曹锦清在《黄河边的中国》里观察到的"中国农民善分不善合"。但在后期，我们却可以看到这个换工互助团体面临一次又一次的考验，云村村民将传统乡规民俗转化成新集体行动的操作规则时，似乎力有未逮，十分依赖能人的声誉与中介机制。当"门窗事件"折损了村支书的声誉，在村支书受"多盖一栋房"的谣言困扰时，出面为村支书澄清的外来能人——清华团队，也因为合作的建筑工程师买卖钢网而导致信任受损。这主要是因为合作组织中的集体采购出了问题，商业行为一旦介入，"善分不善合"的现象就出现了，对于解决这类问题的制度创新似乎云村无能为力。

　　自此以后，全村的集体行动瓦解了，虽然个别几户或二十几户的小团体还以自组织的形式合作，但全村的社会资本下降了。

第四章

# 全面建设与政府介入

## 一 村庄基础建设——外来力量的进入

6月中旬，曾有过一次全村总动员进行土方的运输和回填的工程。土方取自云村的山上，挖掘机（带驾驶员）是村委会从岷江上游的松潘县找来的；凡是家里有拖拉机的村民则驾着自家的拖拉机把土方从半山腰运送到山脚下的新寨，均匀地卸在广场和每一条街道上。问村民这些土方是用来做什么的，村民告诉我们说是因为云村的街地不符合标准、不够高，所以要拉土方来将整个街道垫高。接下来的半个多月再没有人问津这些土方，直到7月11日，村里借来了推土机和轧道机，经过两天的工作后道路变得平整、光洁。

后来和村支书聊起机械平场的事儿，村支书说村级建设的费用应该是由乡政府出的，县里划拨给云村的资金都由乡政府管理。但是对于村民所干的活儿究竟哪些属于投工投劳、哪些属于"在自己家门口打工"没有明确的规定。

问：资金也是村委管吗？

答：乡上，现在全部都是乡上管。

问：资金账目乡上管，施工是村委找人？村民也属于打零工？

答：嗯，对。但我们给村民的工资相当高。

问：交给村委会做，村委会不会留一些资金作为以后运转或者维护来使用？

答：分管我们村重建的县委副书记的意思是这样的，但是我们想没有用，不太好。我们是跟乡上报账，就是花了多少钱，然后到乡上去报。

问：是先花再报？那村里能拿出这些钱吗？

答：不是。比如说老百姓他做一个平方是60元，但是都没给现金，都没付呢。乡上付给我们之后我们再付给老百姓。沙子多少钱、水泥谁买的、人工多少钱。我们去年的钱都还没拿。

问：比如……

答：去年整个街道填了80公分，都是挖掘机、铲车、拖拉机、装载机、人工啊。这个因为要涉及机械的，都是费用，这个都该是政府给的。

问：哦，之前做的活儿都还没发钱，村民对这事儿有什么意见吗？

答：有。有意见也没办法嘛。

问：你觉得这会不会影响到以后？

答：就是有影响啊。本来还有项目的，但是我们不做了，我们跟乡上说了，去年的钱不付我们不做了。

问：不过耽误的是自己村子。

答：你能找谁做啊。你说我们现在垫钱可以，但是垫了上面又没钱了怎么办啊，没有个明确的协议。

（来自村支书访谈记录）

挖运土方

在对乡党委书记的访谈中，他简短地提了一句"平整场地的时候乡政府支持了大约 4 万元钱，从松潘县找来推土机帮助村民平整沙坝"，但对没能及时支付村民工钱的事儿没有多讲。

## 二　大家要赶工喽！

传来一个消息：欧特克公司要配合其全球总裁来中国的日期，希望在 9 月 24 日举行一个大型公关活动"村寨重建落成仪式"。从 6 月中旬开始，几经交涉，8 月初 M 县同意了，这等于是为云村——不只是农房还包括全村的基础设施——的建设设定了一个截止日期，M 县政府必须注意这个公关活动的影响了。

机具平场

2009 年 7 月 13 日

暴晒。

进入村口，第一个印象是彩钢瓦全部安装完毕，二楼的墙体也都基本成形。数了一下，全村 55 户当中二楼墙体未完成的有 18 户。

比起 6 月底（当时二楼墙体完成的只有 9 户）速度明显加快。

彭工与高工接下小九的工作，留在云村作为建房的技术指导，负责示范房尽快完工。下午他们找到了村支书，一起看了示范房，也看了村支书和另外几户的房子，商谈下一步怎么来修比较好。彭工的建议是三楼要用带有老树皮的木板来做外墙，将枯皱的树皮露在外面会有一种独特的风情，木板的里面可以加一层隔墙板。

下午的一段空闲时间里，我们和一位大姐聊起了钢网的事情。这位大姐家的墙体比较特殊，楼板和前后两面墙使用了钢网，左右和隔墙使用的是混凝土。

事情是这样的：当初订购钢网的时候全村村民都预订了，并交付了订金 2000 元，但货到得太晚，耽误了一个多月的时间，有的家等不及就在钢网运到之前开始做墙了。钢网到达后他们就只要了做楼板的那一部分钢网（楼板钢网价格为 2360 元，补交 360 元后付货），就没再要墙体钢网，或者像这位大姐一样只要了一部分（这其中价格仍是重要的影响因素，因为钢网的价格大约在 40 元 / 平方米，如果整个二楼都使用钢网，那么就会大大超出村民的预算）。剩余的钢网现在仍堆放在示范房的一楼。

今天的大事儿是欧特克公司的代表来了，带着摄像师。前前后后估计有三辆轿车。吃饭的时候，L 教授、乡领导、县委办公室主任和这些北京来的客人聚集在乡上的静雅饭庄，回顾云村一年来的重建历程。

欧特克公司向乡政府和村两委分别赠送了一本刊有"马尔康行动"

（欧特克公司为他们的灾区救援活动所起的名字）的中华民居杂志以及其他礼物（背包和绣有 Autodesk 字样的文化衫）。此外，欧特克公司想在 9 月 24 日举行一个村寨重建落成仪式，他们最关心的是 9 月 24 日之前云村能不能竣工，希望将其作为"马尔康行动"的成果展现给全国人民看。

　　午餐过后他们迫不及待地想去村里参观钢架房，和村民交流，询问自建过程中有哪些困难、钢架房对原有生活会有哪些影响。

欧特克公司的人员参观钢架房

2009 年 7 月 20 日

暴晒。

　　云村和华川集团闹了一些矛盾。地震后华川集团对 213 国道进行施工，运输石料时工程车需要通过云村与阳村之间的一座小桥。阳桥是两村村民共建的，属于集体财产，承重较小，桥面被经过的华川工程车多次碾压之后明显破损、下凹，村民们对这事儿一直耿耿于怀。今天华川的工程车从桥上通过时压断了桥，恰好被云村的村民看到，村民把工程车拦截下来不让走，人越聚越多，两个村的人执意要华川集团赔偿。以下是我们就此事对村支书进行的访谈。

问：他们过桥是要做什么？

答：拉货吧，拉材料，钢材啊、木料啊、钢筋水泥啊之类。那边没有桥，他们在这边施工的时候必须要经过这个桥。

问：哦。说不让他们过是怎么回事？

答：是村民的意思，但政府这边没有。村民的意思是说桥是村里面修的，不准你过。

问：后来把桥撞坏了是怎么回事？

答：桥面压烂了，过车的时候，就把他们堵住了。

问：多少人去堵的？

答：很多人啊。后来我们派代表和华川在乡上的人去处理的。

问：怎么处理的？

答：乡上出面。

问：乡上是怎么解决的？

答：叫他们维护一下。但是这个桥维护一下也没什么意思了，因为这个桥现在矮了这么多了。

问：最终维护是怎么做的？

答：没做。可能是在桥面上倒上一层吧，可能最后做吧。

问：村民同意吗？

答：没办法嘛，乡政府说了算，乡政府说是国家的工程，必须支持，政府说华川做的都是共产党的事业，我们得支持。

（来自村支书的访谈记录）

2009 年 7 月 21 日

彭工到村里和村支书、村主任商量示范房的事情。今晚村里将会召开村民大会，商议很多事情，包括示范房怎么修，以及全村房子的三楼墙体是不是要使用带着树皮的木头，还有就是村里的一位村民患肝癌即将过世，商议为他守夜的事情。顺利的话明天示范房也可以开始动工了，首先要做的就是在一楼的后身打地基，做一个小厨房，之后会再请木工做二、三楼的楼板。

但很不巧的是华川集团的事件还没有解决，村主任、书记仍然需要分出一部分精力和乡里商议解决这件事情。另外县里下命令要求各种公共设施必须在一周之内启动，排水线规划、修路都迫在眉睫，亟须制订出详细的工作计划。

与此同时，如果那名患癌症的村民病逝，那么全村至少要停工一天举办葬礼；而花椒——云村的主要经济作物——10 天之后就进入采摘期了。

## 三　"以工代赈"与包工纷争

"以工代赈"作为扶贫开发政策的重要组成部分，国家发改委曾在《国家以工代赈管理办法》第 2 条中明确指出："以工代赈，是指政府投资建设基础设施工程，受赈济者参加工程建设获得劳务报酬，以此取代直接救济的一种扶持政策。……国家安排以工代赈投入建设农村小型基础设施工程，贫困农民参加以工代赈工程建设，获得劳务报酬，直接增加收入。"在地震灾后重建中，四川省各级政府都大力推行以工代赈这种赈灾方式，也就是以各类灾后重建为支付基础，在灾区基础设施和公共设施重建过程中为当地群众提供就业援助并支付劳动报酬。这种方式可以大量吸纳灾区群众和返乡农民工参加灾后重建工程，使灾区群众优先就业，既可以提高群众的经济收入，还可以增强灾区群众重建家园的激情。然而似乎理想高于现实，受益的人群远比政策期望的少得多。在一系列基础工程展开之际，云村村民参加包工的却很少，村民对此抱怨很多。

2009 年 7 月 22 日

日全食。

百年难得一遇的天文奇观让小镇上的人们都很兴奋，大人小孩都站在街上满怀期待地盯着东方。不知道是谁传来的妙招，说用炉火将玻璃熏黑可以看到清晰的太阳轮廓，于是街上的很多小孩都举着大小不等的玻璃，透过熏黑的玻璃欣赏黄色的"月牙"。戴着墨镜、手持相机的大人不停地变换位置寻找更好的角度，摸索更佳的拍摄办法，还时不时地互相看看对方的相机拍出了什么效果。

日食过后，村民们继续修着自家的房子。最热闹的要算许大哥家，青壮年劳动力有 9 人，都是同村的亲戚邻居来换工的。其他的村民有的在做厨房房顶，有的砌间隔墙，还有的往钢网外抹水泥，热闹得很。

我们数了一下仍然没有修完二楼墙体的房子，剩余9户。速度最快的两家已经做好了三楼的楼板，使用的是木板。

晚饭时候老柏和村支书、村主任又谈到了承包工程的事情。双方最近几天一直在谈。老柏想把联户路承包下来，尽快签约，但乡政府一直强调质量、要求必须有专业的技术人员。老柏表示他关系很广，可以找最好的技术人员，而且就算是为自己的子孙后代着想，他也一定会把工程做得漂漂亮亮的，毕竟他自己就是云村的村民。

欣赏日全食

2009 年 7 月 25 日

前两天，在联户路和排水线的承包确定后，老柏专程出了趟门。老柏本人曾承包过工程，但现在的他并没有自己的施工队伍，而此时此刻想从云村招兵买马似乎也不太现实，毕竟云村的村民已经被自家修房子的事儿压得喘不过气来，又怎么能全力地做其他事情呢？老柏把找到的工头儿带回乡上，其中一个算是他的合伙人，

换工砌墙

帮他统管工程上的所有事务，另一个则是从老柏的手中承包了联户路。

一早来到工地，看到村口有三位大婶在铺路，几个小伙子（估计也就是十几岁）开着拖拉机拉土。从7月10日机械平场以来，每天都有大量的机动车从这里驶过，村口的那一段路已经变得凹凸不平，每次下雨都会积水，一片泥泞，常常会有车辆抛锚。

既然今天重新修整这条路，想必真的是要开始大规模施工了。

老柏包下村里的路以后，公共设施的修建也算启动了。明天，高工计划搭老柏的顺风车再去M县采购，包括几个门窗、各种管子和卫生间的用具，也计划再买一批地砖和墙砖装修卫生间。

今天，"5·12"前刚疏通的都汶高速公路发生了车祸，彻底关大桥被巨大的落石砸断了桥墩，但愿阿坝州内的交通状况不会因此受到影响。

2009年7月27日

一早进村就看到很多人在抬堆放在马路边的电线杆，场面很热闹。二十几个人各就各位，还随时跑位，喊着我们根本听不懂的号子，把长十余米、重四百多公斤的电线杆抬上拖拉机。

今天的行动是村两委组织的，要求村民"投工投劳"，每户出一个工，也就是有55个村民来架电线杆，分成两个组同时进行，把电线杆从拖拉机"栽"到事先挖好的坑中。

全村动员，架电线杆

2009 年 7 月 28 日

今天村子里的人似乎比较少，只有稀稀拉拉的几户在做墙体或者厨房。有些进度快的村民家里，已经铺好了地砖和墙砖，房间里看起来亮堂了许多；而有些家庭二楼的楼板仍在进行中……

上午，乡党委书记带着两个乡干部来村查看情况，村主任、村支书和老柏带路在村子里转了一圈，最后又来到了示范房，谈论的也都是工程的事情。下午，乡干部带着电力公司的人来装"横担"了，明天就要拉电线了。

前几天听村主任和书记提到一件事情，正在建设当中的乡政府大楼刚好建在了兰成铁路规划中的一个货运站，乡政府可能要重新选址，新的乡政府很有可能会建在地势平坦的云村村坝上，距离村民的新居几步之遥。

村主任说这事儿有百分之七八十的可能，听到小道消息的村民也乐得合不拢嘴："真是想不到啊，云村的人都住上新房子了，还要从云村变成云村乡了。"

不过乡政府目前并没有发布确切的消息（后来乡政府并没有搬迁到云村）。

2009 年 8 月 3 日

阵雨。

第一条联户路开工。

村边架起了一台大大的搅拌机，铲车在一端灌沙灌石，拖拉机在另

施工中的混凝土水泥路

刚挖好的化粪池

一端把搅拌好的水泥运到正在铺设的路上。除了开拖拉机的是本村村民外，其他的都是老柏从外面请来的施工人员。村子的另一边，靠近岷江的一侧布满大大小小的坑和沟，正在准备修排污管道和化粪池。

开始安装示范房二楼阳台的彩钢瓦了，高工和村支书找来一位村民合作进行。高工原本计划先做好三楼的墙体再安装二楼的彩钢瓦的，这样方便在钢架上搭脚手架。但是等了许久，木方和墙皮一直没有着落，于是只能尽己所能先把彩钢瓦安装上。

2009 年 8 月 4 日

阴转晴，夜雨。

村里想把钢架房楼梯的外包装也交给老柏来做，让他先提供几个图案供村民选择。

老柏下班回到自家旅店后就找了正在驻村指导的 XYJ 工作室的工作人员问有没有现成的图样。这名工作人员让成都工作室的人立刻把能搜集到的图样都发了过来。因为要把效果图拿给村里的干部和村民看，于是老柏只好去乡政府借打印机。

备选方案有好几个，究竟选用哪一个由村里统一决定，但具体的施工会不会交给老柏，暂时还不能确定。老柏自己也说仅联户路和下水管线的问题就已经令他很头痛了，如果觉得麻烦，他就会把楼梯的事情推掉。

下面是对村支书的一段访谈，从中我们可以了解到工程是怎么承包给村民老柏的。

问：整村建设要找施工队、找人承包的时候，是怎么找到老柏的？

答：他找的我们村上和乡上，说他有这个能力来做。

问：这个消息首先是从哪儿出来的？云村要做基础设施的消息。

答：乡上。

问：我们的意思问乡里面跟村民说过这事儿所以老柏才知道的吗？

答：嗯，说了。当时乡上的规划是由县上的另外一个单位做，但是他报的价格高，老柏知道了。

问：这个项目的报价大概是多少？

答：三十多万吧，我们也不太清楚，三十多万或者四十多万。

问：哦，事情是由于外面给了个报价，但是报价高，老柏的低？

答：当时对这些报价我们都不太懂，我们没有经验，这些老板都报得非常高，我们也不知道，相对低一点的我们都没怎么去讲价。其实这些老板报得非常高！

问：您是说跟老柏也没怎么讲价？

答：跟他没怎么讲。

问：是乡里跟他谈的？

答：对。

问：那村里面需要做什么，或者帮了什么忙吗？

答：村里面要参加的，我们和村主任都要参加。

问：是支持还是不支持他？

答：当时肯定要支持嘛，当时又要赶工啊。

问：最终签约的时候，条款是跟谁谈的？

答：跟乡里谈。

问：你们参与了吗？

答：参与了嘛，字是村上签的，条款定的时候是乡上、村上都参加了。

问：哦。村里面参加，是指村干部还是村民？

答：村干部嘛，村民不参加。如果这些事情交给村民做的话，浪费时间，来不及了。还有就是，各做各的它就很混乱，不是很规范。

问：哦。除了你和村主任，其他村干部有参加吗？有讨论吗？

答：有。

问：八个编制都参与过讨论吗？

答：应该是有吧。有，当时我们安排王会计和王组长他们两个负责水泥，运水泥、材料，管质量。水泥是政府拉到这里的。

问：乡政府？

答：是乡政府，乡政府是业主啊。

问：乡政府是业主？

答：对啊，现在都是这样的，每个乡不管任何一个村有项目，乡政府都是业主。

问：但是签协议的时候是村里签的？

答：去年这个是村里面签的，但以后就不知道了。

问：项目包给老柏以后村民有什么看法没？

答：村民我们这就不知道了，有些有，意见不统一，有的说质量差啊，盖板不行啊，每个人都有不同的意见。

问：当时工程中给老柏打零工的多吗？

答：少，很少。老柏从其他地方找的。

问：村民对这事儿有没有意见？

答：有。有意见也没办法。当时我们说是找零工要找我们村上的，但是他报的那个报价有点低，村民就不愿意。

（来自村支书访谈记录）

就同一事件我们也询问了一些村民。

　　问：老柏承包村里工程的时候，像联户路、化粪池，你们赚
到钱了吗？

　　答：我们看都没看到就全部包了。人家羌阳的这几天都在做
自家门口的水泥地、联户路，一个人八百地赚，我们一分都没赚，
我们那都包给外人了。他们找人家凉山州的人来做，我们一分一
厘都没挣。

　　问：那这事儿你们跟他（老柏）说过吗？

　　答：没有说，他们外面的人直接就过来了。

（来自 J 姓村民的访谈记录）

在和这位村民的访谈中他还提到了绿化工程中的一个包工事件。

　　问：栽树、弄草坪的时候，听说是包给羌阳村的人了？

　　答：嗯。

　　问：为什么没有包给云村的人？

　　答：给都给了。我们说你们为啥子不让我们自己村子呢？

　　问：他们怎么说？怎么解决的？

　　答：怎么解决？没怎么解决。

　　问：你们做到（工）了吗？

　　答：包都包出去了，没的做。他们自己喜欢的就喊去做，其

他的就没人。（栽树铺草坪的人）都是底下（云村以南的地方）请的，这儿只有几个。

问：当时包给他们你们知道吗？

答：不晓得。我们说我们来做一下嘛。村干部开会说你们去年修房子没挣到钱，这回门口你们挣点。后来人家老板包了，就让其他外面那些做了，我们挣啥呀。

问：那你们的干部怎么说的？

答：干部说人家那些老板上来，有关系的就请人。村干部也不晓得，不是村干部找的人。M县的老板他们自己随便喊的，村干部没办法。

问：你们跟乡上反映了吗？

答：没有。我们这些都讲面子。他们羌阳的都（跟我们）沾亲的，哪个能吵嘞，那么一点点钱，就算了。

（来自村民访谈记录）


这里补充一点次年的情况。如果说2009年8月份大部分村民没能实际享受到"参加工程建设并获得劳务报酬"的权利，部分原因是自家的房子正在赶工而使得他们不能够全力地投入基础建设中去，因此有权发配工程的人不得不到村子以外去寻找劳动力，那么在9月24日村寨重建落成仪式之后这一情况有没有改变呢？经过9月24日的活动之后云村名气大增，有关云村的各种项目也陆陆续续地批了下来，其中水景规划中的人工湖是村两委组织村民自己修建的。

答：我们这里是有一些工程的，县党委副书记说过这些工程让我们村民干，除非是有技术含量的、没办法做的才找外人，有办法的都找我们村上的人做。现在人工湖砌的墙都是我们自己做的。

问：是村里的能人承包还是？

答：就我们村委会做的。

问：施工是村委找人吗？村民也属于打零工？

答：嗯，对，但我们给村民的工资相当高。

（来自村支书的访谈记录）

事实上单单一个人工湖项目远远不能满足 55 户家庭的需求。所有村民一致抱怨由于修建钢架房他们已经一年没有挣到钱了，一致想从接下来的工程当中获得一些收入来缓解家里的经济困难，而且如果能在家门口就业那么他们还可以趁着空闲继续修房子。无独有偶，尽管县委曾发话"让老百姓挣到钱"，但项目毕竟是面向社会公开招标的，工程一旦落实到某个企业之后，基层政府便无权要求企业老板雇用谁、不雇用谁了。2010 年春，距云村不足百米的河堤开修，村民老柏的舅舅是中标公司老板的老战友，从公司承包到了工程。老柏代他的舅舅管理工地，老柏的手下有大约 10 个人长期在工地工作，其中有一两个是本村村民。对于此事我们随机访谈了其中一名村民。

问：老柏在那边包了一段工程，村里有几个在那儿做的啊？

答：村里在那儿做的就是我们一个大哥的儿子，只有他一个，其他的没有。

问：其他的是因为他们不让你们去还是你们不想去啊？

答：其他的他们都没喊。

问：怎么没去找老柏呢？自己本村的不是更近吗？

答：不晓得这个什么原因。原来开会说自己本村的做，现在又改了。

问：现在村里人对这事儿什么看法？

答：不晓得。

问：你呢？你自己有什么看法？

答：我们的想法就是这样不好。原来开会的时候说的是这个全部我们自己本村来挣这个钱，可是现在不是。还有他们原来说是用我们的拖拉机拉石头，但说这个河堤不要石头，可是你现在看这个河堤还是在用石头。都是自己人嘛，都不好开口说什么。

（来自村民访谈记录）

2009 年 8 月 5 日

晴，下午小雨。

今天在山上的采石场实施了一场剧烈的爆破。整个山谷仿佛余震般颤抖了两秒钟。

爆破时因为操作失误炸毁了大片的山林，山林是云村的集体财产。

采石场是一个私人老板承包的，当初承包时向村委会交了 5 万元的矿
产资源使用费，但这次的失误损害了村集体的利益，需要他另外做出
赔偿。

2009 年 8 月 6 日

距离"9·24"不足两个月，云村的房子仍是半成品，裸露着钢网
和水泥，整个三楼完全都是空白的。街道上处处堆放着沙子或木材。

到今天为止，联户路铺了不足五分之一，从阳桥通往村里的村道
又恢复到一个月前的状态——坑坑洼洼，积满雨水。

村口的综合服务中心（政府投资建设）有专门的包工队在施工，
墙体使用的是砖，速度比民房要快一些。如果说村里能有一项工程可
以在 8 月份完工的话，那么可能就是这栋综合服务中心吧。

我们期待一幅竣工后的轻钢房的特写，期待一个干净整洁的村庄
全貌，什么时候能够看到呢？

施工队今天开始铺设排水管了，老柏把余下的挖沟的活儿交给村
里的人来做，但是村民似乎不太乐意，都觉得他给的工钱太低；分管
排水工程的妇女主任只好带头来做，后来她又劝说了几个年轻点儿的
妇女一起干。

按照政策的初衷，"以工代赈"的工程效益、参与主体和受益对象
都必须直接面向大众化意义上的困难群众，项目区的群众有着同样的
机会和权利分享工程效益，这既包括建成后设施的使用权益，也包括
建设过程中的劳动权和获得报酬的权利。但基层政府毕竟不是工程的

直接负责人，合同中没有相关的条款规定中标企业必须优先雇用当地有劳动能力的居民，而居民自身又缺乏与商家议事的能力，他们只得看着家门口的就业机会归外人所有，而自己只得远走他乡去打工。

还以联户路和排水工程的书面协议为例。村委会和老柏在乡政府的指导下签署的排水工程和联户路的承包合同中规定工期22天（开工日期8月14日，竣工日期9月5日），并对质量标准、合同价款和资金给付方式以及违约责任做了说明。承包合同条款中没有涉及劳动力使用的内容，也就是说承包商完全有权利自主决定是不是雇用当地人。

## 【本章小结】

在本章之前的叙事中，我们鲜见地方政府的影子，而进入本章后我们可以看到在行政命令的催促之下，新的外部物资、人力等资源注入，村庄重建开始加速进行，但这同时也是自组织渐渐衰弱的开始。先前建立起的以换工为主的建房操作规则依然在村庄内部的房屋建设中实施着，但是一系列公共工程中的大部分由外来承包商负责，村内的受益人也只是未经集体选择的"少数人"，因此大部分村民对这一轮的选择规则表示了不满，自组织内部的互惠机制也不再以公平均分为准。

其间我们可以看到政府与村民的关系，即使是自家门口的工程，将来的受益者是村民与村集体，但一旦政府介入了，村民就不把它当自己的事了，所以出工不再是自组织的，而是商业行为，要求市场价格的回报，报酬低了便有抱怨。但当合同承包商招工时，村民又将情感性关系与工具性关系混在一起，认为本村的工程就该村内人做，尤其是承包商是村中的"自己人"却不雇村内人时，村民更是怨声载道。相反，承包到合同的老柏反而喜欢"公事公办"，除了少数交情特别好的村民外，他一概不用村内人，避免在商业关系中存在情感性关系、工具性关系。市场行为的逻辑和自组织的逻辑刚好相反，前者需要情感性关系与工具性关系分得越清楚越好，而后者需要人际的信任，信任往往来自情感性关系、小团体的封闭性以及社群的认同。此时已从 6 月初少量的对外雇工发展到大多数重建工作的劳务交换都是商业性的交易了，对自组织的原则形成沉重的打击。

在政府强力介入的情况下，以村支书为代表的村庄能人就成为村民质疑的众矢之的，村庄内部的信任进一步遭到破坏，这将在后文第七章第四节中进行分析。如何在政府力量介入村庄自治理事务的同时，自组织内部协调出应对外部资源环境变化的新规则，同时减少政府过度干预与信任破坏，这依然是乡村地区自组织发展的主要挑战。

第五章

# 村庄落成

## 一 最后的冲刺——上有政策，下有对策

2009 年 9 月 1 日

在村里转了一圈，民房的进度仍然令人担忧，看来是绝不可能在
"9·24"之前完工。彭工的建议是既然做不完那就干脆不要赶进度
了，先把二楼的墙体粉刷出来，三楼留着"9·24"以后再动工；或
者只允许动作最快的几家把三楼的墙体做出来，但要做就要做完，切
不可只做到一半。

示范房是一定要做完的，三层楼都要完工，这样方便志愿者和研
究人员入住，也可以在"9·24"当天向媒体和官员开放。

今天回到村里找村支书和村主任各补拍一段视频，打算用在纪录
片《云村小记》当中，这两名村干部自地震以来也没少接触记者，可
面对镜头时还是紧张得有点可爱。

公共设施的进度算是比较明显的。村口的公共活动室已经贴上保

温层，开始抹灰。广场上又多了很多沙石，下一步要整平广场为"9·24"的活动做准备。

按照合同，老柏承包的工程最迟应该今天竣工，然而没有完成。水泥路还在铺，路边的排水沟挖了出来，排水管和化粪池衔接好了，但没封顶。

捐资方、基层政府、施工方、普通村民和村干部再也经不起拖延了，尤其对于身处一线的村干部来说，"9·24"之前的完工压力是无法用语言形容的。

户主会

2009 年 9 月 6 日

从桥头到村里的村道今天开始动工，昨天运土方，今天压路。据说这是乡上的强制要求，必须要在 9 月 24 日之前彻底修好，但因为预算只有 20 万元而且工期又很赶，工程队都嫌价钱低不愿意做。老柏此前考虑过要不要接下来，但最终还是决定不接，毕竟村内的联户路和排水管道已经让他很头疼了。

根据合同，老柏的工程需要在 9 月 1 日完工，停电、下雨以及主观的原因将使得竣工日期延后一个星期，也许两个星期。

下午一辆大卡车开进村子停在了广场边，卸下一块高约 3 米的碑石。碑的正面将会题写村名，并将刻记云村的建村历史。碑石立好之后，乡党委书记和村支书留下村民就地召开户主会，再一次做动员工作，仿佛一场战役前的备战，乡党委书记和村支书一再地讲解"9·24"对于云村和政府的重要性，督促村民一定要抓紧时间修房子，政府也会尽快把路、水、电的问题一一解决。

2009 年 9 月 7 日

工程持续进行，除了开拖拉机运水泥的是村里的村民，其他的都是包工方或乡政府从外村找的人。

开始灌浇广场水泥路面，在广场中心预留出一个略凹的圆形留作以后点篝火和放烟花之所，几个工人开始在广场东侧边缘砌祭坛。

用木板作为示范房三楼的墙体，但因为大部分木板是没有树皮的，做出来的效果无法令人满意。但如果强制要求所有木板都是带有老树皮的，这又是很困难的事情，每家的墙皮都如此，时间稍久一点都会脱落，不可能挨家挨户地去挑、去选。

晚上高工给彭工打电话时说到这件事情，说效果不理想，彭工似乎很生气……因地制宜吧。

2009 年 9 月 13 日

今天又运来一批树苗栽种在沿村的路边，也运来了两棵高大茂盛的成树——一棵杨树和一棵柳树。杨树栽在广场碑石的旁边，柳树种在村内的十字路口。树上挂着树木激活液，这对村民来说可是件新鲜事儿——"树也输液啊！"我们也是第一次亲眼见到，确实新鲜。

同天，路边运来了上好的小原木，整齐地锯成一尺多长的木段摆在墙脚下，工匠们开始制作花园用的木栏。我们问这些原木是从哪里买的，工匠们说是政府找人买的，他们只管做工。记得彭工原本计划用这种小原木一劈两半儿做三楼的外墙，然而我们在这一带始终未能找到。

这段时间乡政府的人经常来。乡党委书记几乎是每天必到，有时甚至是一天来三次。今天县委副书记要来视察。他仔仔细细地在村内村外视察了一圈，进入几户人家和村民们交谈。他对示范房提出了一些建议，比如墙可以刷成淡黄色，围栏用木头或者钢管，而不要用低质的铁管，等等。高工在一旁笑了笑，客气地回答："我们都希望做到最好，不过这需要买材料、找工人。（眼前）这是我们几个能做到的，剩下的就得有劳你们领导了………"

县委副书记走后乡党委书记又带来了县水利局的测绘人员，他们计划利用山脚下的一汪泉眼解决村民使用自来水的问题，同时也利用泉水规划出新的风景和游乐项目。

## 二　被打造的新亮点——政府的全面接手

2009 年 9 月 14 日

广场旁的两户双拼开始风貌改造。三楼外墙采用规则的木板，二楼围栏和楼梯使用木方，石子铺就的门前小道和木围栏内的小花园已初具规模。其他的房子也陆陆续续地开始"化妆"，但程度仅限于把二楼的外墙刷白。做外墙风貌改造的工人都是政府从外地找来的，资金也都是政府支出，无须村民自己掏腰包，大家对这一点都感到很高兴。

从乡政府得知，起初的风貌改造（这里仅指钢架房的外部风貌，而不是村庄的整体规划）是乡政府的几个人和几个木匠一起设计的。曾经咨询过县里做风貌设计的一个单位，但乡政府的人对方案不太满意，为了省钱，乡政府的人和被找来施工的木匠经过协商，觉得还是自己设计好了，边规划边做、边做边修改。

风貌改造是从村口广场的 4 户人家开始的。他们的想法是先拿 4 户做示范，如果能够得到县级领导的赞赏，那么就可以从县里获得重建款对剩余的 52 户也进行改造；如果不认可，乡政府也就相当于赔了三四万元的投入。当然，乡里还是相信只要他们用心做了、做好了就一定能够得到县里的赞同，所以当时乡政府一直在积极地争取县委副书记的认可。


2009 年 9 月 15 日

县委副书记第二次到云村视察（第一次来是前天的事儿）。乡党委书记对他的评价很高，称他是县里干部中"最年轻的"，"很有才华"，曾做过阿坝州驻京办的办事处主任，地震以后主动请缨来到了重灾区任职，他很重视云村所在的这个乡的发展，"对云村的建设很关心"，"下一步他将会重点打造云村"。

2009 年 9 月 23 日

20 号的时候整个村庄处处仍是沙堆和碎石，村口的祭坛也还只是砌到一半，55 户的外墙也仅仅粉刷了一大半。然而今天，让人不禁惊叹这个村子的变化简直是神速！尤其此刻刚刚下过一场大雨，整个村子非但没有任何泥泞，反而清丽了许多。这样高的办事效率似乎只在重建的最初阶段出现过吧，那个时候所有人都热情高涨，对新家园的建设充满期待，也充满干劲儿。

回想起一个星期前的样子，眼前的这一幕甚至让人有种错觉，觉得这是一次魔术表演。如果说这次的巨变是个魔术，那么政府就是创造出这个奇迹的魔术师。

## 三　新村落成仪式

2009 年 9 月 24 日

今天将举行村寨重建落成仪式。

清晨，村民开始对整个村子进行打扫。

横幅从村口拉到村委会办公室，多是感谢政府与社会的支持和关心之类的话语。

红旗在每家的房头上轻轻飘扬。

广场上零零散散地摆着些桌椅，舞台的位置也已经预留出来，当各种设备装置运来以后村民就会开始布置现场。

9 月 15 日的云村

紧靠广场的两栋双拼完全竣工，楼前花园的木栅栏、二楼阳台与厨房顶的木栏杆、刷过清漆的三楼木板墙都很抢眼，这就是规划中的云村民居，也是目前完成的"唯二"的两栋。

　　住在半山腰老寨的村民也陆陆续续下山来了。妇女们都换上了鲜丽的羌服，平时泥娃儿似的女娃娃也都穿戴上了精致的民族服饰，男人们也都穿上了略似藏服的长袍，但穿绣花鞋的人少了，大多数都还是平日的休闲鞋（自然都是商品鞋）；也有些年轻女孩子和小媳妇脚上踩着轻巧的高跟鞋，身后的腰带随脚步摆动着，鲜亮之外多了一分柔美。

　　上午刚吃过饭没多久，示范房外突然热闹了起来。男村民集中在房子旁边的一块空地上排演舞蹈。导演在旁边做着简单的指导，大多是教大家怎样做动作、声音再大一些。他们举着小木剑、排着队慢跑着，边跑边"吼吼"地喊着号子。这种舞蹈源自羌族古老的"铠甲舞"，铠甲舞是一种气势磅礴的集体舞，大多用于战事的仪式或者武将的葬礼。厮杀、吼叫都是舞蹈的一部分，是对战争的一种描述。只是现在作为纯表演（在外地游客面前的表演）舞蹈褪去了许多战争的色彩（比如以前的舞者手持长矛，现在则是小木剑，至多是手持短刀），舞者的表情中也看不到凝重，更多的是一种掩饰不住的喜庆。

　　临近中午，整个村庄沸腾起来。广场上的音乐响起，载歌载舞的村民是主角，吸引着记者的镜头，也吸引着所有外来客的眼球。在舞台的一角，乡党委书记正在拿着稿子演练，他是今天仪式的主持人；旁边围绕着他的是各大媒体的记者。

好奇的村民不时地过来围观，他们都想提前知道稿子里面写了些什么。

舞台的一侧，是清华团队向所有到场的来宾介绍重建项目的展板，内容包括什邡示范园区、户型设计图以及轻钢房的推广经验。展板中间摆放的一张桌子是负责接待记者和接受咨询的工作台。

与热闹的广场相比，村史室冷清了许多，偶尔有几个村民进来浏览展板。当看到熟悉的面孔的时候，他们显得格外关注，但很少有人会耐心地看完文字部分。投影仪循环播放着云村重建的短片，村民们仿佛在看自己村的电影，兴奋而自豪。

在村寨重建落成仪式开始之前，欧特克公司安排了研讨会，所有的领导、专家都集中在公共活动室的大厅内。重建的短片也在研讨会前"公映"了一小段儿。

下午两点举行了村寨重建落成仪式，所有嘉宾就座，村民和游客、记者将四周围了个严严实实。那天的午餐是标准的羌式大餐。公共活动室的大厅摆满了桌子，每张桌子旁都坐满了宾朋。大厅进门的通道上站着几个男村民，每有一道菜传上来，他们就会用羌语向宾客说一段话。在座的当中有几桌是羌族本地人，他们会随声应和，当接下来的菜再传上来时我们这些不懂的人也用近似的音调大声应和起来。

当客人离席以后，三百多名村民开始了"坝坝宴"，一场"坝坝宴"吃下来已经快到晚饭的时间了。

夜晚，大红灯笼映得整个村子喜气洋洋。劳累了一年的云村村民尽情地享受着他们自己的盛会，篝火、歌舞……

## 四 云村成了模范村——日常生活与变化

这场村寨重建落成仪式，对于云村的村民来说记忆深刻，即使在事情过去的几个月后，当再次去问他们那天的事情时，每个人都还能清晰地描述出一幅自己看到的画面。记得唱过的歌，记得跳过的舞，记得来过的人，虽然对于他们来说，很多人根本不认识，只知道是外面来的，是为云村的重建而来的。在后来的日子里，一提到那天的仪式，云村的村民脸上总是会有自豪的表情，对于他们来说，他们现在也是明星村的人了。

仪式之后，云村的日子似乎应该恢复平静了，毕竟那样的落成仪式只有一次，而年复一年的生活才是他们的归宿。但是连村民自己也感觉到了，现在的生活和以前不一样了，而且开始有了很多的不一样。在接下来的日子里，来了一批又一批外面的人，用村民的话说，"有当官的，有专门来参观的，还有来看我们的钢架房的，总之来了很多人"。最多的时候村民一天接待了一百多人。每一批来的人都夸房子好，夸环境整洁，夸什么的都有。于是村民开始意识到，云村出名了，云村再也不是以前那个云村了。

2010年1月清华团队再到云村时，风貌已和去年9月时又有了很大的变化，可以说是更漂亮了。从村口开始，地面干净得找不到一点垃圾，想起去年2月来云村时满地沙尘的情景，让人不得不感慨云村天翻地覆的变化。对于这样的变化，村民倒还算适应，对于村上制定的一系列爱护环境卫生的村规,村民们还是能很好地遵守。问村民为什么愿意遵守,他们笑着回答说,不然要被扣钱,看来还是经济利益比较重要。县里给每家挂上了新的红旗,红旗在冬日的微风中显得更加醒目。对房屋做了统一的风貌改造,三楼全部盖好了,是依照风貌改造的要求由外边的施工队统一建的,但只做了外墙,内部还是要村民自己建。每户的墙上都挂上了玉米做成的装饰,还安装了灭火器,俨然一副新农村建设的模样。

2010 年 1 月 29 日

我们在村里待了几个小时,给村民送去以前拍的照片。

中午在罗大哥家吃饭,简单的腊肉煮莴笋。他家还没有装修,只是外观和村上其他家统一而已。罗大哥的老婆说明年风貌改造时还要做三楼的隔层,所以等那时候再开始装修,而且那个时候才有钱。

天气不错,女的全都出来坐在外面绣花,男的则聚在小卖部门口打麻将。云村已经开了 4 家茶馆,每天生意都很好,听说一般村民们输赢会在几百元甚至上千元,这倒让我们觉得奇怪。建房的时候很多人都说困难,想不到在打麻将这件事情上这么大方。妇女一般也是白天绣花,晚上打牌,看来麻将真的是全部的娱乐生活了。

在村子里仔细走了一圈,每户门前都配了灭火器,很是显眼。红旗也和 9 月时看到的不一样,全是铁杆的。这是政府发的。墙两侧还用成串的玉米和辣椒作为摆设,这也是村上发的。门口的灯尽管花色上略有不同但大体都一样,灯也是按要求统一安装的。罗大哥的那盏灯 80 元，据说让别人带的话就是 120 元。

政府还给住在钢架房的村民每户都发了一台炉子，质量不错。住在上面的十几户没有，说是上面用的是沼气。之前这十几家还去书记家闹过。有些人家在政府送炉子之前已经买了，这次发的也照收，但又觉得不划算——早知道就不买了。

村民对驻村的县委副书记很拥护，因为有很多福利。每家 7 岁以上的人都发一套羌服，估计过几天就能拿到。村民开玩笑说，以后砍柴也穿着这个，烂了副书记再发。

今天听村民说明年云村还有大工程，要修一个寨门，还有河堤，总之是个赚钱的好机会。罗大哥家计划买辆拖拉机，到时好好地赚一笔。几个妇女则想着明年可能会去打工。问她们家里的房子怎么办，有人觉得可以租出去，听说要发展旅游业，就把房子租给一个统一管理的老板，自己再出去打工。

住在村口的第一户是全村装修装得最好的一家，他们家出了全村唯一一个大学生。这家的大女儿说这段时间她都接待好几批外面的人了，有山西的领导，还有中央电视台的，因为他们家装修得好，她做饭的手艺好，所以来了人村里就安排去她家，第一次给了 300 元，第二次给了 400 元。她想明年在一楼开个大一点的饭馆，专门招待外面的人。说到饭馆，村里已经有一户村民开了一家，不过生意如何不知道。

村民对于云村在阿坝州 13 个受灾县的众多重建村庄评选中得了第二名的事情感到很骄傲，说自从那以后，红原、松潘很多地方的人都来参观，最多一天来了一两百人。

关于卫生，听说乱扔垃圾要罚钱。今天仔细问了一下，原来村上把特殊党费的一部分分给每一户，每户 500 元，住在山上面的就直接发到村民手里，集中居住的 55 户的钱留在了村里，如果谁违反了卫生规定，就从这 500 元里面扣，一次 50 元。听村民说，之前还没有这个规定的时候，广场上的展板被小孩子划得乱七八糟，现在广场的展板都是重新做的。问了几个小朋友有没有人

围在一起烤火绣花的妇女

告诉他们不要乱扔垃圾，他们说爸爸妈妈说了乱扔要罚钱。村里很重视卫生，还专门进行分区负责制，负责人就是村支书、村主任、妇女主任和大队长。干部们不定期地到各户检查卫生，不过关的就把星星扯下来一颗，从五星变四星或者三星。

2010 年 1 月 30 日

下午，去村民九大姐家吃了午饭，参观了一下她家的新居。装修得很简单，三楼只安了楼板，其余的还没有动工，后来才知道全村的三楼都没有动工。据说过年后政府还会来做统一改造，我们对这个信息有些质疑。外面的风貌改造已经完成，室内的装修自然应该是自家的事情，政府是不是真的会管？但在村民中都这么传，所以村民都没有动，都在等上面的政策，事后证明这是村民自传的谣言，政府不会

再来帮各家修房了。

　　3000 元的特殊党费中有 500 元作为卫生监督费留在村里，但余下的部分呢？据说是买了床。因为要开发旅游，村上牵头订购了一批床，说是宾馆里面的。当时说是全新的，好像拉来后发现是旧的，但还是都要了。我们感兴趣的是为什么这次没有像门窗事件那样闹出那么大的动静？据说是乡上统一订购的，可能村民对乡上和村干部的态度还是有所不同吧。一张床 520 元，一般的家里都订了 3~4 架，具体有多少户订，这个数字还不大清楚。不过听九大姐说应该是很多人都订了。我们上去看了一下那个床，单人的，一看就不是新的，至于 520 元一架贵不贵就不知道了，因为没有去了解行情。


2010 年 1 月 31 日

　　早上去村支书家坐了一会儿，对于村支书也有了更多的了解。2002 年村支书上任，在之前他已经是乡镇党代表，当时乡上的刘书记几次让他当云村的书记，他都没有答应，后来在 2002 年被任命为村支书。不过在地震前，他一直待在外面，在九寨沟开了一个配送中心，那时村上的事情也很少，无非就是征税之类的。到现在为止，他还是乡里 7 个村中最年轻的党委书记。这次乡里组织干部去云南考察，其余的村都只是村主任和书记去，但云村的村干部全都去了。从交谈中得知村支书和乡上的干部关系都很好，和县上领导的关系也很好，县委副书记几次来云村都是住在他家。

　　我们问到关于之前县上给 55 户发火炉的事情，他说没分到的人有很大意见，找他闹，但炉子是县上给的。为了平息风波，就把上级发的棉被优先给了没炉子的那二十几户，保证一户一床，对于这样的分配，他说村民很满意。

关于三楼是不是还会有风貌改造，他说没有了，风貌改造已经完成了，三楼的装修还是要村民自己负责，不过村民总是觉得还会有人来帮忙弄。村支书也承认现在村民普遍都想等外援，看上级是不是还有新的政策。

我们又问关于特殊党费的事情。村支书说，有3000元是作为特殊党费分下来的，其中村里拿了500元作为卫生监督费，不过马上会发给村民，留100元作为村里基础设施维护的费用。县委副书记设了6个名额给卫生搞得好的家庭，这6户可以得到500元的奖励。关于怎么评选这6户，村支书说以不记名投票的形式，每一户选一个代表，组成评定小组，村干部的成员不参加这个小组，小组成员到每家去检查，然后以不记名的形式打分，得分最高的6户就有奖励。最早本来是没有打算实行不记名投票的形式的，不过后来发现小组成员走到每一户碍于情面都说可以，最后根本评不出好坏。至于这种不记名方式是谁提出的，村支书说是他自己，他说自己在重建后想了很多办法来保证公开公正公平，例如抓阄、投票。

云村已经申报了精品旅游村项目，到时县上还会有一定的投资，明年云村大约有一千多万元的硬件设施工程，超过20万元的都要投标，低于20万的就包给村民。村支书说县委副书记说了，今后他只管把村子管好，县里会帮忙筹备资金。现在的他，正设想着云村的未来。

问：下一步打算怎么办？

答：我们就是打算开会讨论，把云村（村）的旅游业发展起来。第一个就是怎么才可以把游客吸引来，就要有系统的村规民俗，环境卫生要做好。我们不安排卫生员，就是要让云村365天都保持干净。第二个就是经营模式，餐饮一条街，旅游一条街，进行分区经营。我们现在的想法就是，要招商引资成立合作社，有能力的走旅游业，莫得（没有）能力的可以搞其他种植业、养殖业，把人员按照家庭能力和实际情况进行分配。

问：那如果村民不配合的怎么办？

答：我们就有奖惩制度。老百姓现在不听话我们可以控制的嘛，有政策，比如说以后还有啥子项目，我们就直接不给你，取消了，这个权力我们有。县委副书记经常给我们说的，不听话的你就取消了，他到哪里去告都告不倒你的。准确地说，这个虽然不是国家法律，我们可以制定一个小的规定，只要在不违反国家法律的情况下。

（来自村支书的访谈记录）

2010年2月1日

此时是农历十二月，又是村里集中举办婚礼的时节，眼下就正有一场婚事在筹办中，我们也被热情的村民邀请参加。几十个村民帮忙在广场上搭起了帐篷，听主人家说要招待40桌客人。

　　今天是结婚的家里宴请相帮执事的人，开设了五六桌宴席。坐在旁边的大姐一直给我们夹菜，还不停地给我们解释村里的风俗。吃到一会儿，就有一次"灌杯"，即年长的一辈人先喝完一杯酒，其余的人就站起来以表敬意，一场宴席下来，这样的"灌杯"就重复了五六次。今天仅仅是一个小小的前奏，明日接亲，而后天才是欢庆的重头戏。帐篷外面还贴上了一张红告示，写着每一家要做些什么，分工明确，对于有些事项甚至细致地安排出负责人。我们问村民，这个是谁安排的？村民告诉我们这是由"总管"统筹安排，这里办事，都会请一个总管来负责总体事务，此人要在村内有一定的声望和号召力，这次婚礼的总管是村主任。

2010 年 2 月 2 日

　　上午到村里，结婚的那家已经派出接亲的队伍去松潘，据说新娘是松潘的藏族姑娘。村里现在成亲大多还是媒妁之言，自由恋爱的还不多。不知道年轻的一辈会不会有所改变。

　　今晚是"花夜"，就是村上年轻的小伙子今晚会聚在一起吃喝，女的很少参加。

2010 年 2 月 3 日

　　今天是举行婚礼的日子，我们早早就到了新郎家外，可是新娘子直到下午 1 点才到达村里。

　　一场婚礼，是全村子的事情，村主任是总管，对每一户都进行了

送亲与迎亲　　　　　　　　　　　前来迎接的村民　　　　　　　　　拜四方

明确的分工，有的包桌、有的负责掌厨、有的端盘子……我们问村主
任是依据什么标准进行这样的安排的，他说是根据每一家的情况，如
有的家中有宴席用具、有的人有个人特长等，但也要适当平均分配
各家承担事项的轻重。对于这样的安排，村民没有任何的异议，按
照明确的分工做着自己分内的事情。我们仔细对照了一下相帮执事
安排表，发现几乎每一家都至少出一个人来帮忙，有的还是双份
任务。

　　新娘子到达村口时，每一户都要出一份火炮和酒迎接送亲的队伍，
这次新娘子的送亲队伍很庞大，有80多人。送亲队伍就从村口一直
这样被迎接到新郎家里，不过新郎是不在迎接队伍的，而是在家中等
待。作为谢礼，新郎家会在每一户敬过酒和放过鞭炮以后送上一包点
心，并由主持人用羌语吼一声，大致的意思就是，谁家送上了酒和鞭
炮以迎接送亲人。走在队伍最前面的是"红衣大人"，据说这是对媒
人的称呼，因为这件红喜事由此人促成，所以他被称为"红衣大人"。
不过有意思的是，以前是从桥头就会放鞭炮迎接新娘子，但是现在大
家为了保持村里的村容村貌，觉得鞭炮放了以后很难清扫，因此迎接
新娘子的鞭炮是从接近村广场的地方才开始放的。有村民告诉我们这
是为了集中打扫。

## 【本章小结】

7月到8月份，村内下水道、联户路以及村外的河堤建设在村民看来已是政府的公共工程而非村集体的事，所以他们不再以志愿出工、协商合作的方式，自组织劳动力，而是让市场力量主导。到了9月，因为完工的期限十分紧张，此时的轻钢房建设完全变成了政府的事，从各家各户的外墙风貌到小花园都是政府请包工队来建设，尤其是最后几天，几乎天天二十四小时地赶工。建房互助换工的情况几乎完全中止。

2009年11月3日，四川省省长到云村视察，2009年12月11日至13日，云村被评为阿坝州重建示范村二等奖，2010年2月12日，关于云村重建的新闻报道在央视新闻频道播出。关于云村的新闻报道多了，人们对云村的关注多了。在云村出名的同时，村民"等靠要"的情况也变多了，接踵而至的奖项，各地来的考察参访，省、州领导的视察，各方协会、基金会、政府送来的公益捐赠使得村民开始相信依赖外部的帮扶就能发展出精品旅游，村民的自组织、自治理、自我觉醒及共同分享在重建后的乡村发展建设中好像退居次位了。在外来资源面前，村主任也可以用外来的权力控制各执利益诉求的村民。

随着政府的全面介入以及云村受到各界关注，各上级单位来参访时常常会带一些"奖励"给每一户村民，以至于村民希望得到更多，比如村民认为政府会来帮忙盖三楼，村民也会为了一些"奖励"发放得不公平而产生争执。市场力量的介入，政府在一定时间内的全面

2010 年 1 月的云村

"接管"，使得云村的自组织集体行动几乎完全停止。

但另外，当回到日常生活时，在相互帮忙照看牲畜、换工做农活以及婚礼中家家出人帮忙上，"乡规民俗"又发挥着极大的力量，自组织的力量仍然很强。在新的集体行动上，如合作建房、集体办旅游等，自我创造制度以推动集体行动的能力受到破坏，但毕竟云村及其附近几个村子间走亲戚的情况很盛行，社区内的社会资本还是相当丰富，所以传统的全村活动中仍可以看到家家户户合作参与，很少见"搭便车"（free rider）的现象。

云村的出名，也有着一些必然的因素，那就是这个村子震后至今走来的路，是新的历史时期整个社会都在求索的乡村发展之路，是政府—市场—社会三方力道均匀的平衡之作。商业作用吗？这里自始至终贯彻着平等互助、求过程不求效率的原则；政府主导吗？这里又最大限度地展示了知识分子与公益界人士对乡村的想象，最大尺度地利用了民间智慧与乡土生活规范；体制外精英的文化狂欢吗？这里又始终兼顾几方社会力量的诉求。

对于云村，这永远是一个未完待续的故事，因为只要生活持续，云村的故事就要持续，后面要发生的我们无法预见。是真能如村支书所规划的那样走上一天天致富的道路，还是在一片掌声中没落，我们都不得而知。所以这段重建的故事对云村仅仅是一个开始、一个前奏，而未来，或许只有等到以后，我们再次回到那里，才能续写吧。

第三编

云村对自组织研究的启示

第六章

# 社区自组织的研究架构

## 一 带自组织进入自治理研究 [①]

### （一）"共有财"（common-pool resources）的治理

哈丁于 1968 年在《科学》杂志上发表了一篇有名的文章——《公地的悲剧》（Hardin，1968）。根据哈丁的说法，牧民总是希望增加牲口，尽可能在公地上多养牛，作为一个理性的人，每个牧民都追求其所得的最大化，结果，公地上的草必然被啃光，牧民们会因牛群饿死而变得贫穷。公共财（public good）必然导向贫穷和苦难。沿着哈丁关于"公地"治理的思路，奥斯特罗姆（Ostrom，1994）提出了"共有财"（common-pool resources）的概念。

---

[①]　本章部分内容来自团队已发表论文（罗家德、李智超，2012）。

表 1　资产产权分类表

减损性（subtractability）

|  | 低 | 高 |
|---|---|---|
| 低<br>排他性<br>exclusion | 公共财<br>（public good） | 共有财<br>（common-pool resources） |
| 高 | 俱乐部财<br>（toll goods） | 私有财<br>（private goods） |

来源：Ostrom，Gardener & Walker（1994：7）。

　　奥斯特罗姆（Ostrom，1994）基于财产权的概念利用排他性（exclusion）和减损性（subtractability）两项标准，将资源主要分为四类（见表1）。第一类为低排他性、低减损性的公共财（public good）；第二类为低排他性、高减损性的共有财（common-pool resources，简称CPR）；第三类为高排他性、低减损性的俱乐部财（toll goods）；第四类为高排他性、高减损性的私有财（private goods）。

　　其中，共有财有不同于公共财，例如草地、森林、渔场，以及灌溉系统等资源，在排他成本相对高昂的情形下，资源系统可以为任何人所占用，但是资源单位只能由个体所享受。奥斯特罗姆（Ostrom，1990）便认为，要把共有财系统中的共享者排除在资源的改善之外，所需要耗费的成本相当高昂，就如同要把潜在受益者排除在公共财之外一样，在此情况下共有财的使用便涉及集体行动的逻辑。在个别理

性的使用者间，由于每个人的预期成本以及预期利益不同，造成资源
使用者行为选择的差异，部分使用者为了防止他人机会主义行为的产
生，便容易产生"囚徒困境"，造成资源系统产生拥挤的现象或者是
遭到破坏。

　　一般而言，面对这个问题，通常有两种解决方案，一种是诉之于
政府介入管理（科层治理机制），另一种则是把公地私有化，由市场
自己调节（市场治理机制）。事实上政府介入共有财的管理，由于下
列高昂因素使得科层治理机制没有办法发挥预期的最高效能，反而出
现政府失灵的现象：① 管理成本高昂。政府管理须支付许多硬件建
设费用、人事费用以及软件监督、维护费用等，这些费用往往非常庞
大，其效益成本比率可能不高，无法发挥效能。② 缺乏精确的信息。
政府介入管理地方共有财，往往缺乏对地方人文特性的了解，无法精
确掌握地方的信息。③ 受多元利害关系者（multiple stakeholder）的
影响。政府介入共有财的管理，从政策制定与执行的角度来看，资源
的分配与管理涉及多元利害关系者的利益分配问题，就团体决策模式
而言，政府决策有利于有组织、有影响力的团体，相对地不利于无组
织、松散的弱势团体。④ 竞租的行为与道德上的问题。既然政府部门
掌握资源分配决策权，受决策影响的利害关系人则会运用种种方法，
进行竞租行为（rent-seeking）（Buchanan, Tollison & Tullock, 1980），
而竞租的结果，则容易造成政府官员贪污、索贿等不道德的行为
（McNutt, 1996）。从而，政府介入公有财的管理，是不是真能解决问
题，就引起极大的怀疑，市场机制应运而生。

既然政府介入共有财的管理有其缺憾而造成政府失灵，学者转而回归市场机制，希望借由市场的供需法则与价格机制来管理共有财。理论上，市场机制比较适合私有财的管理，在市场开放、自由竞争、信息公开的情形下，可以通过市场的供需法则与价格机制，求得资源的最有效运用，追求个人的最大利益与社会的最大效用。事实上，市场机制有其局限性，即市场机制无法适用于共有财的管理，无法解决外部性的问题。

　　"公地悲剧"，其实很难通过科层或市场来解决，采用社群内部自我管理的方式，反而是一个更可行的办法。在社群中，人是镶嵌在"社会关系"之中的，是一个有感情的社会人或道德人，而不只是一个经济理性人。因此，人可以通过与他人的合作、互惠，进而共同制定游戏规则，有效地使用公共资源。当然，要特别强调的是，并不是所有社区管理的模式都会成功，其实，很多都是失败的。是什么原因决定成功或失败呢？奥斯特罗姆过去20年的研究，几乎都聚焦在这个议题上，尝试厘清能够让社区管理成功的因素。或更精确地说，人到底是镶嵌在什么样的社会关系中时，才会超越经济人的理性计算，而变得愿意与人合作、互惠呢？奥斯特罗姆的第一部重要著作——*Governing the Commons: The Evolution of Institutions for Collective Action* 出版于1990年，在书中，她首先指出，面对哈丁的"公地悲剧"，不管是国家或市场，其实都不是最理想的解决方式，由公地的使用者自己来管理，可能是更好的办法。她广泛收集了世界各地公地管理的案例，包括山坡地、森林、灌溉系统、海岸渔场、地下水等，详细分析各个公地管理案例之所以成功或失败的理由。奥斯特罗姆强调，并不是所有社区自我管理的案例都会成功。其实，那些内部独裁的管理社群往往都会失败，能够成功的，大都是民主参与的社群，而且是由下而上、积极地参与，并由参与者制定出公地的使用规则。此外，参与必须是长时段的，管理的规则能够随着环境的改变而改变，这样才能应环境的变迁而存活。所有这些改变都必须是由公地的所有者、使用者共同来参与完成。

奥斯特罗姆（Ostrom，1990，1992）主张由资源使用者（appropriators）自行组成自组织，制定管理规则并自我管理共有财。这样能比政府（government）或市场（market）机制更有效地管理共有财，不仅能避免政府失灵、市场失灵，甚至还能促进使用者间的认同与合作，增进彼此的承诺、信任与社会资本（Coleman，1988；Ostrom，1992，1996；Putnam，1993），促进公私合产（coproduction）（Ostrom，1996）、自组织、自生秩序而产生合作（synergy）（Haken，2004；Ostrom，1996）。

## （二）自组织治理的要素与奥斯特罗姆未论之处

如果从"委托—代理人"的角度看自组织治理机制，非常重要的特点就是"治理者与被治理者"身份的合一，"公权力"不再扮演核心的角色，被动接受的特征减弱，"治理者 VS. 被治者"之双元对立模式退场；取而代之的是协调（coordination）与合作（cooperation）等机制，其强调正面激励、主动争取。

一般而言，委托人与代理人之间存在"信息不对称"（information asymmetry）（Williamson，1996）的情形而产生"逆向选择"（adverse selection）问题（Akerlof，1970；周雪光，2003）。同时，进入委托代理契约关系后，也可能因缺乏专业监督能力而导致代理人在执行代理职务时，以隐藏性行动追求私利而危害委托人的利益，形成"道德风险"（moral hazard）问题（Williamson，1985）。要控制这些问题，需要引进揭露信息的制度、恰当的诱因结构以及专业监督机制等，这些都是形成治理关系时即须付出的交易成本（Weingast，1984）。

　　从这个角度思考，自组织治理的范围或规模较小，因此可以通过赋权（empowerment）与培能（capacity building）等方式，让被治理的民众能够自己担起治理责任，而不必委托专业代理人来执行治理的任务。此间，虽然衍生协调治理集体行动的相关成本，但信息不对称的问题既能获得解决，也能够免除为了寻找并控制代理人所衍生的各种交易成本。

　　以往的由上而下、委托—代理的治理模式，往往强调普遍适用的官僚理性，强调由上而下的设计与规划，所以缺乏因地制宜的想象动机与能力。当在地居民自组织治理机制共同参与"共有财"的提供与管理时，就较能将在地社会关系网络的特性、历史文化规范乃至自然生态的优势，适当地融入"共有财"的生产过程，可以创造出独具特色的组织文化（或社区）特质。

　　虽然由下而上的自组织治理拥有上述优点，但其局限性也相当明显。由于缺乏公权力介入所能达成的强制效果，这类治理模式可被视为一种生产或管理"共有财"的集体行动，因此在发起与维持集体行动时常见的问题，也会是这类治理模式必须处理的问题。首先，对内而言，需要协调行动者的投入。由于理性的成员可能有"搭便车"的投机心理，而集体行动必须有足够比例的成员参与才能维持[①]（Marwell & Oliver，1993），故如何建立激励与监督的手段与制度，以维持成员持续而公平的参与，必然是这类治理机制必须面对的重要课题。

奥斯特罗姆提出自治理需要制定宪法规则、选择规则和操作规则，以规范集体行动，并监督大家遵从这些规则。为此，奥斯特罗姆（Ostrom，1990）通过对大量自组织治理案例的总结，提出成功的自治理应具备的八个要素。

（1）清楚明确地界定边界。对于共同资源的占用界线必须十分明确，以避免冲突与纠纷。在作业时，各作业单位必须有间隔，并且避免相互妨碍。

（2）使用资源时必须与当地环境条件保持一致。占用资源者使用资源的时间、地点、技术、范围、设备、工具都必须与当地环境条件一致。

（3）安排集体决定。决定何人在共有财的哪个范围（点）进行作业，要由组织成员集体决定，不能由少数人决定，例如用抽签的方式

---

① 以专有名词表达即为"临界大数"（critical mass）。

决定集体同意。

（4）监督机制。一定要有监督机制，能够提供谁遵守规定、谁违规的信息，每个作业人员的责任要明确。缺乏监督机制，公共资源一定会被滥用，最后将造成资源枯竭。

（5）分级处罚。对于违规者要依轻重分级处罚，不能不论情节轻重都予以相同的处罚。

（6）冲突解决机制。

（7）对组织权最低的认可。该自组织治理的方式不受外界的质疑或政府权威的挑战，强调对组织的认同。

（8）组织巢状制（nested enterprise）。自组织内部采用巢状制，对各种活动加以分工、相互支持，包括规则订定、监督、执行，冲突解决、处罚、沟通协调等。

这是从制度安排的角度提出的自治理成功的八个要素，然而到此为止，奥斯特罗姆未论及的是自治理的制度与规则是从何而来，即所谓治理机制产生的"第一因"的问题。组织成员是如何制定组织规则、行为规范等自组织运作所必需的一系列正式与非正式制度的？并如何发展出监督机制以监督、仲裁、处罚违规与冲突行为的？

奥斯特罗姆进一步的研究指出，信任、声誉机制和互惠性是影响合作行为的三个重要行为因素（Ostrom，1998），而这三个因素又受到众多其他结构性因素，比如团体规模、面对面交流的机会、达成一致的成本、过去行为的信息、利益和资源的对称性等因素的影响。奥斯特罗姆解释，人们能够意识到互惠带来的益处，并可以通过一系列的机制，即互惠、声誉、信任与监督机制，来辨明并惩处"搭便车"者。

面对面交流的机会使得行动者能够收集更多信息，从而决定是否信任对方，因此可以促进合作的发生；奥斯特罗姆在更新的研究（Ostrom，2008）中指出，信任、声誉与互惠机制来自人际网络，试图以过程性的视角来探讨自组织治理是如何生成的，她的关注点也是围绕"社会连带""信任""互动""规范"，但还是缺乏具体的、情景化的研究，比如什么样的"关系"和"关系运作"会带来什么样的信任？在此过程中不同社会关系特征的组织成员如何被不同的方式动员？

但奥斯特罗姆的研究使我们重视社会网及社会资本在自组织过程中的作用。

## 二　自组织治理机制的一个理论架构

### （一）带入社群社会资本

正如之前的研究一样，奥斯特罗姆再一次强调，一次性的互动或匿名性的互动，在双方都不知道对方是谁的情况下，除了极少数人外，合作与互惠行为几乎是不可能的。其实，只要匿名性的情况维持，尽管增加互动的次数，但并不会增进合作的意愿。也就是说，人类行为如果不是镶嵌在社会关系之中，理性、自利的预设基本上是正确的。但是，如果镶嵌在社会关系之中，随着互动情境的改变，人会逐渐超越理性、自利，而逐渐愿意与人合作。

很早以前，在赛局实验中，如果参与者不能相互沟通而且赛局次数又是有限的，人们是不会合作的，在面对共有财时倾向于过度索求（Gordon，1954），一如"公地悲剧"理论对人性的预测（Hardin，1968）。如果没有沟通，赛局对方身份不明，而且参与者来自四面八方而非特定的封闭团体，参与者也展现出较低的合作意愿，倾向过度索取（Ostrom，et al.，1994）。当然一定的战略及制度安排会使人们的合作行为增加，比如赛局是无终止地持续进行的，或参与者使用"以牙还牙，以眼还眼"的战略（Axelrod，1986），但在多人赛局中这个战略对合作的改善则十分有限（Ostrom，2008）。

然而更多的赛局实验指出，只有当信任及互惠因素被引入时，合作行为才变得频繁而真实（Ostrom，1998）。而产生信任与互惠的机制主要来自关系与网络，所以社会资本在解决共有财困境中的重要性不言而喻。一系列的赛局实验都说明了这一点，比如，让参与者相互沟通，则双方会观察对方的可信赖程度，并试着建立共同的规范，因此合作的可能性大为提升（Sally，1995）。而赛局中最成功的人往往会利用沟通的机会建立一群人的认同感，并要求集体同意一套战略且严格遵守（Simon & Schwab，2006）。换言之，参与者有机会相互认识并建立关系，这对合作的促成有很大的帮助。

同时，如果参与者不是来自四面八方，而是来自相对封闭的团体，如同一个学校，将有助于合作行为的持续（Rodriguez-Sickert，et al.，1998）。如果这个赛局不是匿名的，则更能促成大家合作的意愿。换言之，在一个相对较小、较封闭的团体内，合作行为较易发生，这正是我们在前文中谈到的网络结构的封闭性可以带来信任的道理。在重复的赛局中，如果互惠与不短线取利的规范存在，那么在非匿名状况下，参与者会在乎个人的声誉，所以更倾向于合作（Ebenhöh & Pahl-Wostl，2008）。综合这些实验，我们可以看到在封闭而规范强大的小团体中，人们会建立声誉机制，使得违规者受到损失，促成集体的合作。这正是承诺的关系（committed relations）可以带来强大的信守承诺保证（assurance；Yamagishi &Yamagishi，1994）的原因所在。

总结这些赛局实验的成果，奥斯特罗姆提出以下情境可以帮助人们采取合作行为，从而摆脱共有财的困境，包括：

（1）关于互动者过去的信息是可以知道的；

（2）同一组人的互动次数增加；

（3）参与者可以互通信息；

（4）有一些初步的规定让大家共同遵守；

（5）在不完全知道对方的情况下，参与者可以进行完整的沟通；

（6）在知道对方的情况下，参与者可以进行完整的沟通；

（7）除了沟通之外，参与者可以对彼此过去的行为予以评论、处罚或奖赏；

（8）参与者可以设计自己合作的条件与奖赏办法（Ostrom，2008）。

以上各项社会条件是渐进式产生的，越是后面的条件，越能创造合作的意愿。但是，每一个小步骤，都使得人与人的关系逐渐密切，进而会影响合作的可能性。真正的合作能力是在这些小小的步骤中，慢慢学习、累积中而形成的。

在过去的研究中，奥斯特罗姆已经指出在建立良好的自治理机制——宪法规则、选择规则与操作规则——之前，必须先有良好的信任机制、互惠机制与声誉机制（Ostrom，1998）。而晚近这一系列研究则引入了社会资本，因为关系与社会网结构的影响，使得一群人有了自组织的行为，进而建立了信任机制、互惠机制与声誉机制。

很多研究早已指出一个群体内的集体社会资本有助于一个群体内部合作行为的产生，产生一加一大于二的集体利益（Coleman，1990；Putnam，1993）。集体社会资本是为集体所共用的关系与社会网，能带给集体利益，并将这些利益分给集体的成员，使成员个人也受益。

社会资本往往分为三个维度：一是结构维度（structural dimension），包括网络连带（network ties；构成网络结构的社会连带）、网络构型（network configuration；指涉的就是网络结构）等。二是认知维度（cognitive dimension），包括共有符码（shared codes）、共同语言（shared languages）、共有叙事（shared narratives）。三是关系维度（relational dimension），其包括信任（trust）、规范（norms）等（Nahapiet & Ghoshal，1998）。一系列赛局实验的结论与社会资本研究"不谋而合"，不匿名的关系、长期的互动、封闭的结构、一致的认同以及规范，都是促成合作、减少共有财困境的重要因素，这些正好就是各个维度的社会资本。

集体可分为大的集体以及小的社群。前者如社会、国家、民族、经济体、城市等，因为人数众多，基本上是由一群相互不认识的人所组成；后者如职业协会、行业协会、志愿性团体、俱乐部、宗族团体、地理性社区等，人数最多万人上下，内部成员关系较近，所以成员间会形成一个相互联结的社会网。衡量这类社群的社会资本，关系内涵与社会网结构特质就十分重要，我们可以称这类集体社会资本为社群社会资本。本书讨论的正是这样的社群，这类群体的自组织过程是自我凝聚、成形的过程，以及发展出自治理机制并能持续推动集体行动的过程。

从我们对云村重建的记录中可以看出，自组织的形成也正好是一个培育社群社会资本的过程，该过程中的几个重要步骤如下。

（1）一群人聚拢，彼此之间社会网联结增多，关系越来越密切。

（2）小团体产生，随着内部联结增多，这群人与组织内其他人的关系渐渐疏远。在这个阶段，如果用社会网分析的方法进行小团体分析（clique analysis），可以发现这一群人内部的关系很紧密，而外部的关系则很疏松，这时就可以认定这是一个小团体了。

（3）随着小团体内部认同的产生，内部的人开始清楚地认识到自己与团体外成员的差别，意识到自己的成员身份。

（4）小团体形成一个共同的团队目标，并开始为实现这个目标而采取集体行动。

（5）团体还会逐步演化出团体规范，以确保共同目标的顺利达成。（罗家德，2010）。

自治理的成功建基在上述自组织过程，在这样的过程中，关系的、结构的与认知的因素培育了信任、互惠与声誉机制，促成自治理机制，进而保证了合作行为的持续。本书正是从这样的分析架构入手，以实际田野资料叙述了中国乡村社区中通过关系与网络结构形成的能人动员过程、自治理机制以及信任、互惠与监督机制。

## （二）提出一个可能的解释架构

中国社会是一个"关系社会""人情社会"，其中重要的现象就是人情交换。人情交换是一个很特殊的现象。一方面，它掩饰在情感关系之下，因此不能明言回报、讨价还价。但另一方面，交换的双方心中都有一本"人情账"。施惠的一方不好言明，受惠的一方也不能忘记，必须记入"人情账"中，以待他日偿还（罗家德、叶勇助，2007）。正是在这种往复多次施惠、受惠与回报的过程中，熟人连带建立起来。这种连带的演化和发展，会逐渐带来抱团现象，并在某些条件下导致组织中小团体的形成。

特别是对中国社会而言，自组织的过程有什么特色？比较其他文化的自组织，有什么不同呢？从我们上述的观察中，可以看到这个自组织过程有以下几个特色。

（1）能人现象的出现及关系、人脉网的形成。自组织研究的第一步就是要问是什么样的关系使得一群人越聚越多。在中国这样一个关系社会中，自组织能否发生的关键不仅在于社区自身是否拥有基本的社会资本存量，也在于"是否存在一个或若干个民间领袖或精英"，这类精英"出于社会地位、威望、荣耀并向大众负责的考虑，而不

（仅仅）是为了追求（个人）物质利益"（杜赞奇，1989），他们承担起带头人或主持人的责任，村庄能人能够有效地影响到村内其他成员的态度和行为。能人现象不是中国独有，奥立弗和马威尔（1985）等人的研究发现，其实任何一个长期的合作结构都会催生一个关键群体（critical group）。他们的研究指出，合作形成的社会过程说明，普通成员之间的关系相对影响较小，更重要的是关键群体与被其动员的成员之间的关系。与关系密度相比，社会关系网络的中心性对集体行动产生的影响更明显。当合作的倡导者和发起者位于社会关系网的中心位置时，这意味着他们能够通过私人关系接触到大部分其他成员，因此可以更容易说服其他人加入。能人现象证实了费孝通（1998）所说的个人中心差序格局人脉网，能人一定是在自己的人脉网中开始动员，动员过程经常就是一个能人带了一群小能人，小能人又从自己的人脉网开始动员，一个团体就在这样滚雪球的过程中慢慢扩张，逐渐成形。

（2）动员过程与认同的来源。中国社会是一个关系社会、熟人社会，圈子现象特别显著，不是说西方没有，而是中国在这方面特别发达。费孝通讲中国是差序格局，西方是团体格局。中国人的组织是一个以自我为中心的人脉网，这个人脉网的运作十分讲究"动员"问题。东西方的动员机制差别很大，西方人一般是从性别的、阶级的、年龄的、社会地位的团体中寻找认同感；而中国人不同，从宗族的、宗亲的，此外还有商帮等角度寻找认同感，中国人的社会认同是可以创造的，所以其自组织是建基于寻找集体记忆的基础上的，找到了之后，自组织可以创造自身的认同感。这是一个小团体形成的重要因素。

（3）外在政治的影响力。在图1的分析架构中我们可以看到乡村社区的外围环境也被包括进来，尤其是制度环境及政治环境。一方面，外在的制度会决定社区自治理中的宪法规则（Ostrom，1990），外在的规范也会型塑小团体内部的规范，使之趋同于社会普遍的要求，以取得合法性（DiMaggio & Powell，1982）。另外，党组织深入乡村社群造成了党同志、垂直权威与社会关系逻辑的重叠（Walder，1986），也在底层组织中发挥了极其重要的作用。

综合这样的观察以及上述社会资本理论的论述和奥斯特罗姆的自治理模型（Ostrom，1998），我们可以得到图1的分析架构，供以后的学者研究乡村社区自组织过程与自治理机制时参考。

（4）信任与监督机制。奥斯特罗姆（Ostrom，2008）总结合作研究

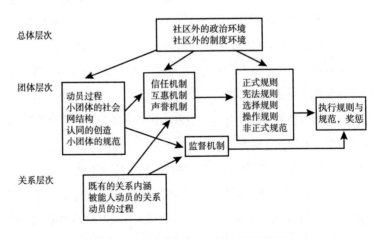

图1　自组织治理运作机制（过程）的理论架构图

的博弈实验时也指出，由于自组织是组织成员自定规则、自我管理，因此，信任关系的建立就尤为重要。人在特定的社会关系中，一步一步地发展出信任关系，进而相信博弈是持久的，对方行为也是可信赖的，而愿意继续保持合作。

自组织治理主要是参与人根据他们手中掌握的信息自行设计制度规则，自组织治理制度的建立必然会涉及资源使用与管理制度的集体选择，所以信任、互惠与声誉机制的存在是自组织达成共识的基础。

然而在执行资源利用管理制度的时候通常会涉及三个层次的集体困境。

（1）第一层困境在于成员的行为会对彼此产生外部性，使用者面对资源的过度利用问题时，会产生该如何适当管理的情况，并且产生制度的供给；然而只有考虑到当地共有财的特性、居民之间的主观认知与社会背景等因素，方能够通过集体选择提供适合当地的制度。

（2）第二层困境在于当制度供给后，成员之间是否会提供可信的承诺进而共同遵守与执行规则。在资源使用者管理并创造规则的情形下，可以明确指定每位参与者的责任并创造出参与者的集体利益；然而组织里的使用者利益皆来自该集体利益，而不管他们是否有所贡献以及由何种治理架构管理资源，因此，在缺乏可信承诺时便会出现"搭便车"的现象；然而并非每个人都会遵守承诺，尤其是受到制度变迁的负面影响时，农村居民基本上对于政府政策的接受度不高，因此为了有效提供成员之间可信的承诺，必须明确地增加居民之间的沟通协商以及监督与制裁机制来减少"搭便车"的行为。

（3）第三层困境则是为了提高参与者遵从他们协议的可能性以及集体利益，则必须采取监督与制裁行动。过去对于监督和制裁往往依赖外部强制的规范，却忽略了内部组织成员彼此互相监督和制裁机制的建立。

在了解这三层困境之后，奥斯特罗姆（Ostrom，1990）指出，在过去的理论当中常常忽略第二和第三层困境，仅将焦点放在第一层困境，其原因在于政府在推动政策时往往将使用者视为同质、信息完全和监督与制裁成本为零，并且认为环境结构必须由外部力量来改变。综上所述，集体选择所产生的三层困境乃是有其层次的关联，第二层困境应与第三层困境合并考虑，第一层困境又与第二层困境息息相关，在这三个层次都能够完全兼顾的情况下，便得以建立完善监督与制裁机制以促进成员遵守规则并增进集体利益。所以监督与制裁机制以及社群社会资本如何影响监督与制裁的有效执行也是我们亟须研究的部分。

社群社会资本除了以上所述的社群内部关系、动员机制以及社群认同感之外，还牵涉了社群内部社会网的结构。自组织作为一种治理机制，有两个核心要点，一是网络中成员的互动，牵涉到网络成员的关系特征与关系运作以及此过程中资源与权力的交换和依赖。二是自组织团体的网络结构，牵涉到成员的组成、动员的过程、社会网的结构以及网络的任务和界限等。

那么，又是怎样的机制促成既有关系成员开展互动，同时动员过程、自组织网络建立又会对关系促成机制产生怎样的影响？奥斯特罗姆新近的研究指出，信任、声誉与互惠机制来自人际网络（Ostrom,2008），如上所述，信任赛局的实验指出，相互认识、封闭的网络、良好的沟通是促成合作的重要因素，也就是在一个相对封闭的社会网中，较紧密的关系以及频繁的互动有助于自组织的成立。

换言之，这一过程就是一群边界相对封闭的人自组织起来，以建立自治理机制的过程。同时我们也需要看到在此过程中不同社会关系特征的组织成员如何被不同的方式动员，而动员如何在既有社会关系之中发生，这是建立自组织网络的起点。而自组织网络的封闭性、紧密性、互动频率以及一些其他的社会网特质如群体集中度、集群系数、平均可达距离等，如何影响信任、声誉、互惠以及监督机制的建立，也是我们必须关注的议题。

综上所述，能人的动员、动员的关系、动员的过程会形成一次又一次自组织社会网的扩张与改变，而这张社会网内的社会资本，包括它的社会网结构、动员的资源和内部互动过程、社群成员的认同，以及共守的非正式规范，都是建立信任、声誉、互惠与监督机制的关键因素。而外在的制度环境与政治环境则是重要的干扰变量（moderator），因为自定规章不能违反法律，"乡规民俗"也要符合社会一般道德，这是合法性的基础；尤其重要的是在今天中国特殊的政治环境下，政治力对能人的动员、自组织团体的形成以及社会网结构的影响都是不能忽视的。

这是一个很庞大而复杂的分析架构，下面笔者试着为云村的故事做一个自组织过程分析。

第七章

# 云村重建的能人现象与动员过程

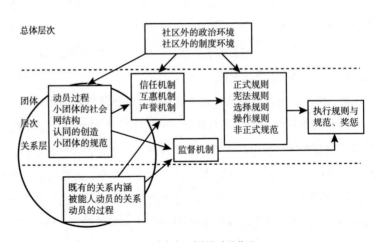

总体层次

社区外的政治环境
社区外的制度环境

团体

层次

关系层

动员过程
小团体的社会
网结构
认同的创造
小团体的规范

信任机制
互惠机制
声誉机制

正式规则
宪法规则
选择规则
操作规则
非正式规范

执行规则与
规范、奖惩

监督机制

既有的关系内涵
被能人动员的关系
动员的过程

图 1　本章在研究框架中的位置

　　本章分析的要点是云村震后重建的动员过程及认同形成，重点指出中国自组织中的能人动员现象，即研究框架中黑色粗线条圈出的部分。

## 一　自组织的动员——中国的能人现象

任何自组织发展的进程中都有一个资源被动员的过程。资源动员理论在 20 世纪 70 年代诞生，其对社会运动现象进行了反思，以理性假设取代了非理性假设（McCarthyand Zald，1973；1977）。第一，对一个想促成一次群体行为发生的精英而言，只要他手头上掌握了充分的资源，那他必定会对这些资源进行合理整合并充分利用，以达到目的。第二，对精英来说，他所促成的这次群体行为，并不一定是暂时的或一次性的，更多情况下，他会将这次群体行为转化成永久的或固定的职业。精英们会持续地在集体行动中创造问题，调动群体的活力，保证群体对于统治阶级与被统治阶级间长期的不平等关系的忠诚，他们会根据自身需要在表面上予以肯定或反对，最终使组织结构转化为科层式，并在组织内部形成群体所能共同接受的价值观和愿景。

那些对群体进行领导、动员并最终实现目标的精英群体也被认为是关键群体，由奥立弗和马威尔提出的关键群体理论（Oliver and Marwell，1985）是西方群体行为理论中的一个重要内容。他们认为，人都有"随大溜"的想法，因此在关键群体发生一些行为时，人们会受其影响，并对其行为进行追随，从而让自身行为与关键群体相吻合。因为关键群体之所以能从群体中脱颖而出，是由于他们有异于群体中其他成员的明显特点，所以与群体内的其他人相比，关键群体的影响力大得多。因此，要把群体行为长期性、永久性地固定下来，必须有一个关键群体作为群体的领导者。群体行为的一大特点是在最初其投入是大于产出的，此时关键群体必须做出表率，身先士卒，随着参与人数的增加，群体的产出将随之增加，直到产出大于投入，这时又会吸引更多群体外的人员参与进来，使群体不断壮大，产出也不断增加。群体行为中关键群体的率先行为起到了非常重要的示范作用。如果一个群体构成相对不集中，那么在对收益进行分配时，考虑到关键群体在群体行为最初阶段的付出更多，其获得的收益也会超过群体内其他成员，同时关键群体还能在群体中获得更高的威信和地位，这些物质和精神奖励也鼓舞着关键群体继续为群体做出贡献。奥立弗和马威尔还认为，为了促成群体的形成，关键群体由于比群体内其他成员拥有更丰富的社会关系，因此也能发动更多群体外人员参与到群体中。从一个群体良性发展的角度出发，应明确对该群体中关键群体的具体要求和人数比例，关键群体（特别是领导者）应尽可能不参与利益分配，如要参与利益分配，也必须由不同部门予以监督（Oliver and Marwell，1985；1988）。这个精英动员资源的过程在中国的自组织案例中尤其重要，因为中国是一个"关系社会""人情社会"，所以动员的对象及动员的机制都有其特色，关系和人情交换在其中扮演了特殊的角色，这一章我们先总结云村经验中的中国特色，第十章中再与美国的案例及城市行业协会的案例做比较，以分析中西的异同。

中国文化传统研究中的代表人物梁漱溟先生界定了中国既不是英

美等国家的个人本位社会，也非苏联的社会本位社会，而是伦理本位的社会（梁漱溟，2011）。其实质就是关系本位的社会。这种界定似乎在暗示我们西方社会不那么重视人际或者社会关系，而在中国社会则高度重视二者的作用。但是综观人类社会，不论在哪个国家、哪种文化制度下，人们总是要处理各种社会关系，因此相应地也就要去重视人际与社会关系。笔者认为中西方差异不在于是否重视个人或关系，而在于各有不同的个人观与关系观。当西方社会更多地赋予个人独立的个体自主意识之时，在中国社会更多的是从关系的角度界定个体的属性。在处理社会关系时，西方社会遵循着偏理性的契约观，而在中国社会多数人的办事原则既不会偏向完全的理性化，也不会偏向纯粹的情感非理性，而是在情理之间找到平衡的中间路线，以达到"合情合理"的处理方式（翟学伟，2004），而这种方式下重要的关系现象就是人情交换。

　　人情交换是一个很特殊的现象。一方面，它掩饰在情感关系之下，因此不能明言回报、讨价还价。但另一方面，交换的双方心中都有一本"人情账"。施惠的一方不好言明，受惠的一方也不能忘记，必须记入"人情账"中，以待他日偿还（罗家德、叶勇助，2007）。正是在这种往复多次施惠、受惠与回报的过程中，熟人连带建立起来。这种连带的演化和发展，会逐渐带来抱团现象，并在某些条件下导致组织中小团体的形成。

　　中国人所讲的人情法则，也可以说是人情交换法则（黄光国，2004），是一种社会交换。社会交换是基于理性计算的交换行为，但不同于经济交易，因为不能对交换物明确计价，也不能即时求得补偿，所以交换双方要有基本的信任，相信对方有将来偿还的善意，交换才能顺利进行（Blau，1964）。人情交换亦是长期交换，所以不确定性极高。它不同于短期利益算计的社会交换行为，需要极强的信任网络，且必须建基在混合性关系之上（黄光国，2004），既包含工具性关系，也包含情感性关系——私交状态下的感情，即所谓交情。换言之，人情交换的本质是个体间基于情感性关系而产生的工具交换行为。人情法则适用于亲戚、邻居同乡、好朋友等熟人关系，这一法则不仅是一种用来规范社会交易与经济交易的准则，也是个体在稳定及结构性的社会环境中用来争取可用资源的社会机制（黄光国，2004）。

人情法则在能人对自组织进行动员和建立规范的过程中起着重要作用，但人情法则有时会对能人声誉造成负面影响。当个人需要某种资源而要求其关系网内的某个资源支配者给予协助时，资源支配者往往必须顾及相互间的情面。假如资源支配者坚持公平法则，不给予对方特殊的帮助，则势必会影响他们之间的关系，甚至破坏其人缘。人情的困境就在于，资源支配者接受资源请托者的人情请托时，必然要付出某些代价。如果其是资源的拥有者，自己便要承受某些损失；如果其只是握有公共资源的支配权，当他将资源进行有利于请托者的分配时，则可能遭到其他利益相关者的非议甚至法律惩处。

费孝通提出的差序格局概念为我们提供了认识中国人行为模式及

关系的一把锁匙，其主要意涵有两个：一是中国人会把关系依亲疏远近分成由近到远的圈子，就好像石头投入水中形成的水纹一般，一层一层地由亲而疏向外扩散；二是不同圈子的关系会适用于不同的互动法则。基于费孝通差序格局的观点，杨国枢将中国人的人际关系按照亲疏程度分为三种类型，依次为：家人关系、熟人关系、生人关系。在家人关系中，一切以责任为重，每个人要满足此圈子内成员的需求，家人关系所形成的圈子居于中国人差序格局网络的核心；熟人关系适用的是人情法则，熟人之间在情感性行为的"掩饰"之下，进行着强度较高的社会交换，在交换双方心里都有一本"人情账"；生人关系最关心"利害"，在家人关系和熟人关系之外形成一个可以理性算计、讨价还价、试图使个人利益最大化的关系圈，进行交换的双方讲求公平对等和符合期望。

　　类似于杨国枢家人、熟人、生人的区分，黄光国将中国人的关系类型分为情感性关系、混合性关系、工具性关系。杨国枢所谈的"熟人关系""讲人情"和黄光国所讲的"混合性关系""人情交换"，是中国人关系中最特别的，因而是值得研究的，情感性行为与工具性行为是中国人最主要的关系运作。熟人关系（人情交换）运作过程的实质，就是在差序格局的人际关系网络中，将工具性行为与情感性行为不断地加以动态平衡。人情交换作为一种社会交换，是在情感性行为的"掩饰"下，运作一种工具性的社会交换，交换的范围极广，交换资源的类型也极为多样，交换时间亦极长。社会交换过程中双方遵循"讲人情"的原则，心里都有一笔"人情账"，给的人不能说，受的人不能忘，在持续的、相互的施与受中，人际信任网络逐步拓展，社会交换的深度与广度得以加深。正是因为中国人善于在人情交换中不断地平衡工具性行为与情感性行为，才能将"人脉"（自我中心的信任网络）拓展到基于血缘的小圈子之外。也正因为如此，熟人关系的信任感最强，甚至强过家人关系，适于从事大规模复杂交易。

我们以社会网的视角观察中国人社会行为模式及关系，发现中国人善于在人情交换中平衡工具性行为与情感性行为，即在人情交换的过程中实现资源流动，那么"资源流"是如何流于所当流、止于所当止的呢？其关键就是中国人"情境中心"的思维。

许烺光提出"情境中心"理论，指出中国人会把圈内人与圈外人区别开来，所以对圈内与圈外人会有不同的行为法则。中国人在"家"之内是集体主义的，但在家之外则不须适用这样的法则。中国人也会把"家"的行为法则扩而大之，及于家族、宗族，甚至及于拜把兄弟，所以一个人内层的小圈子可大可小，是有弹性的，依情境而变化。翟学伟引用其意，指出"均分"与"人情"在中国人社会交往过程中的重要性，对同一圈内的人要讲究"均分法则"，有资源都要分享，而且在圈内人之中平均分配。但差序格局关系网中大圈子内还有小圈子，"人情法则"的目的是建立特殊主义信任（particularistic trust），靠着特殊对待才能分出圈内圈外。

差序格局与熟人关系会产生什么样的社会网结构特征呢？通过上面的讨论，我们知道，中国人社会行为的动机很大一部分是为了人情交换，积累"人脉"以待他日之用。如果人情交换的对象是组织领导或派系领袖时，他便会被纳入一个圈子；如果与一群人之间有了人情交换的关系，则这群人会"抱团"在一起。因此，中国社会最容易产生圈子现象，即抱团现象。这当然是一种情感性的小团体，但因为熟人关系中高强度的工具性交换，所以圈子内必然有内部的工具性交换与个人的利益算计；也因为需要更多的资源进行内部交换，所以圈子内往往形成内部规范以动员、约束集体行动，好向外界争取资源。

作为中国人差序格局与人情交换的特质，圈子有着与西方社会小团体（clique）不尽相同的结构特质。首先，圈子总以能人为中心，也就是总是一个能人动员其熟人关系，继之这些熟人再动员他们的熟人，逐步扩大而组成圈子。换言之，圈子结构的群体中心性（centrality）往往很高，圈子内人与人之间的关系很亲密但权力地位不平等。其次，因为人情交换的特质，所以圈子内关系强度很高，关系持续很久，社会网密度（density of network）很高。因为有中心性的人、密度又高，圈子往往容易发展出自我规范——可能是被社会认可的规范，也可能是社会不太认可的"潜规则"。

中国人的差序格局、人情交换、情境中心的思维方式一方面促使中国人特别容易抱团，形成自组织初期关键群体的基础，另一方面也说明了关键群体中心人物在动员以其为中心的人脉网络时的重要性，这些被运用在分析中国自组织的运作上，凸显出能人——关键群体的中心人物——在动员过程中的关键地位。

## 二 自组织中能人的角色

所谓能人，就是指具有一定能力和才能的个人。从社会分层理论来看，如果人被按照一定的标准进行分级，那么能人便是处于等级的较高层次中，是人群中的"精英"群体。精英理论的观点认为这些各方面能力都卓越的人群虽人数极少，但是由于其各方面能力和资源都优于常人，因此处于社会的领导地位，引导并推动着社会的发展。从广义上来说，大到对社会有不可磨灭贡献的人物，小到获得优秀成绩的个体，都可以被称为精英，而从狭义上来说，只有在社会中处于统治和领导地位的人才能被誉为精英。

本书所要探讨的是在乡村社会中有特殊才干且在村庄网络中发挥关键作用的人，为与社会运动理论中多采用的"动员精英""关键群体"区别开，本书中本土化的能人这一概念，指那些在乡村中能干的或在某些方面才能出众的人，能人具有草根平民性，同时他们又有特殊的才干，具有精英性与关键群体的诸多特性，但与其也有诸多行动逻辑上的差异，这也将是本书结论中探讨的重点。

着手自组织的研究，首先就是要寻找使人群凝聚起来的力量在哪里。在"关系文化"的深深影响下，我国社会自组织的形成仅仅依靠社区里存在的各种资源是远远不够的，最重要的是有一个能人作为发起人和领导者，把人们凝聚在一起。这个能人在当地既要有一定的权力，受到人们的尊敬和拥护，同时他还要时时刻刻为他人着想，对他人负责。根据中国的传统，社会往往由有能力的人来治理。长老统治便是最为常见的一种能人治理方法。费孝通认为，长老统治虽然不是民主，但是和民主没有差别，是通过具有一定威望和社会地位的年长的人对整个家族或村庄进行管理和统治。随着时代的发展，能人从最初的个人成长为群体，演变成有组织、有能力的社会团体或协会。这些团体比一般的村民的影响力更大，不仅比一般村民拥有更高的综合素质，同时他们也具有更大的带动力，潜移默化地感染着村庄里其他成员的一言一行，这就是所谓的能人现象。

不同的历史时代，对乡村能人的界定会有所不同，但总体而言还是主要指在乡村经济、政治、社会生活等方面显现出超凡能力的人。本书根据社会角色的不同，将能人的分类定位成四种，分别是政治、社会、经济和外来能人。

（1）政治能人。作为政权统治的一部分，我国上到中央政府，下至村社都设立了领导机构，每一级都设置了管理部门和相关的管理者，层层领导，形成统一领导的良好局面，实现对行政与经济的有效控制。因此，政治能人孕育而生了，这些政治能人的管理取代了传统的长老统治制度，例如村支书、村主任等，便是政治能人的有力代表。

（2）社会能人。乡村里的社会能人是指具有一定社会资源，且能够利用其自身的社会力量，帮助村庄实现有效管理的人物。这些新型的社会能人通常在乡村中都是有头有脸的人物，有一些人可能自己曾经为政府工作，也有一些人则可能有亲属在政府部门任职。这些能人现在已经不在体制内了，但他们依然运用自己的能量和社会关系，为乡村的建设做出贡献。

（3）经济能人。经济能人为农村的经济发展做出了积极的贡献，这些能人来自不同的行业，有一些曾在机关事业单位中担任一定职务，为了获得更多的经济利益和成就，毅然地放弃了稳定的工作转而创业；也有一些经济能人是颇有经济头脑的个体经营者，或者是退伍的部队官兵。这些能人都有几个基本的特点，人在中年、文化层次高、有一定的市场远见和对经济利益的追求。这些人往往见多识广，且对各行各业都有一定的了解，在各个方面都有相当多的资源。因此，他们能够帮助和带领村民致富，让农村发展时拥有更多的外部资源，从而切实地将农村产业发展起来。

（4）外来能人。在我国近代历史上，乡村外部力量介入乡村发展的最早研究可追溯到梁漱溟先生和晏阳初先生的乡村建设学派，在新的时代背景之下，愈来愈多的由非政府组织组成的农村支持型团体以及关注乡村命运的知识经济精英等为乡村带来巨大的发展动力，这样的外部力量的介入，给乡村带来新的活力，有助于形成多元发展，且有助于改善乡村"内卷化"现象。例如，王名、史传林等学者就建议应以社会组织为载体向农村地区提供公共服务，另外在农村治理环节，外来社会组织也可以通过扶贫、重建等项目参与其中。尤其在新兴城镇化的建设过程中，乡村也有人口逆向流动的可能性，为乡村注入新的来源。因此本书在此界定一个外来能人的概念时，指那些有资源且有能力的外来社会组织或个人进入乡村之中，经过与地方关系的沟通和融合，发掘新的议题，为其发展贡献力量。这种外来是指地缘和血缘上的外部性，但同时也无可回避地看到其行动模式和文化习惯的外部性，这也是外来能人需要面对的一种考验。

能人的社会经济地位、行为规范等因素也决定他们所动员的社会关系与自组织运作机制特点，作为一个集体行动的最初发动者，他们往往动员信任自己的人参加，形成一个小团体，即关键群体，一方面让原来两两关系的信任变成小团体内因为结构封闭（closure）（Coleman，1990）以及强大认同带来的信任，另一方面，要让这种信任使亏本中的成员继续投入，并号召更多的人加入，直到集体行动有了正收益，就可以吸引因为工具性利益而加入的组织成员。

这时，一个自组织的领导者会从"情境"出发，以不同的管理方式对待圈内、圈外。班底、亲信是一个领导的核心团队，人数可能很少，往往是能人动员的第一批关系最近的伙伴，因而混合了工具性交换与情感性交换，适用"均分法则"，但也要投入情感去经营"家"的归属感。关键群体的圈内成员和领导者之间的交换就是一种长期的关系合约，不计较一时的利益得失，而更重视人情交换。但对于圈外的后来加入的协会会员，除了少数被特别培养的、有潜力进入圈内的人之外，都适用公事公办的"公平法则"，可以较少地顾及人情，也可以算计具体的利益得失。

基于"情境中心"的圈里与圈外的动态运作过程，是一个不断产生矛盾、化解矛盾的过程，即一个平衡圈内与圈外、均分与人情、解决人情困境的动态过程，这一过程彰显出"关系社会"的特点及中国人管理关系的技巧。

一方面能人对组织内成员产生影响，另外，自组织也可以通过能人的中介作用从上级政府或其他社会组织中获得自身发展所需的外部援助。政治能人可以灵活地利用政治身份和社会资本主导整个村庄自组织结构的发展。这种外部支持资源供给模式的产生背景是缺乏集体积累的贫困村庄无力为自身提供公共产品和服务，能人的社会资本成为支持资源供给的源头。

在案例观察中我们发现，能代表村集体向外部争取资源的是那些与体制相关的政治或社会能人。他们了解上级政府和村委会的办事程序，认识很多政府部门的官员；能够以群众利益代言人的角色与上级政府讨价还价。政治能人拥有权力、信任和网络多元化的优势，体制赋予政治能人的权力资源既可能促成自组织的起步与维持，也可能对由他人所发起的自组织造成障碍。从调查中发现，典型的情况是当体制内能人与体制外能人就某一问题出现冲突时，体制内能人可以以"既不反对也不支持"的方式对其他能人的自组织行为进行消极抵制。而且，政治能人比其他类型的能人更有权力影响到自组织规则的制定。体制内政治能人具有"国家代理人"与"村庄当家人"的双重角色（徐勇，1999）。

如上所述，政治能人既可能促成自组织的起步与维持，也可能对由他人所发起的自组织造成障碍。已有的研究表明，自主治理顺利运作的条件包括社群的成员必须有一种自力更生的态度；而政治能人必须满足于在一个具有多个权威和交叠管辖单位的多中心体制中运作的条件，如果他想方设法扩大自己的权力或所辖资源范围则是对自治理可持续性的威胁（McGinnis and Ostrom，2001）。当政治能人与社会能人一旦分裂则预示着村庄社会网不再是一个相对封闭且内部十分紧密的结构。

翟学伟（2011）等学者曾经进行的研究认为，乡土社会中由于流动少，大家"低头不见抬头见"，人与人之间的契合度非常高，往往在嫡亲之间、姻亲之间会形成紧密的关系，而这些人之间的联系非常密切，且彼此信任和支持。合作的社会关系就是建立在这样的基础之上。而能人往往会站在这个关系圈的最中间，在他对事务进行倡导和宣传时，他有足够的社会关系接触多数人，从而使得更多人信服。本书所要考察的云村即是一个以村支书为代表的政治能人主导重建的农村。这一在新中国成立后迅速崛起的新兴社会群体，在外部形式上，首先表现为被赋予的政治身份。但是，通过具体深入的分析，我们发现他们不仅仅是政治能人，其中不少人同时兼具经济能人、社会能人等多种特质。

## 三　云村重建中动员的关系层次

费孝通讲中国是差序格局，西方是团体格局。东西方的动员机制差别很大，西方一般多是从相同性别的、阶级的、年龄的、社会地位的、共同志业的、共同兴趣的群体中建立认同感，开始动员；而中国不同，都是从以个人为中心的人脉网中去动员。由于缺乏公权力介入所能达成的强制效果，自组织的治理模式可被视为一种生产或管理"共有财"的集体行动，因此在发起与维持集体行动时常见的问题，也会是这类治理模式必须处理的问题。首先，对内而言，需要协调行动者的投入。由于理性的成员可能有"搭便车"的投机心理，而集体行动必须有足够多的成员参与才能维持（Marwell and Oliver，1993），故如何建立激励与监督的手段与制度，以维持成员持续而公平地参与，必然是这类治理机制必须面对的重要课题。任何自组织过程都是从一个人或一小群关键人物开始动员的，所以动员及其特点成为自组织过程的关键问题。

一开始没有地震的时候是没有往下搬这个想法的，地震后，当时有个政策说可以异地搬迁，当时我的意思就是大家都搬迁下来，在这个地方比较安全，大家都统一规划，想象的还是一定要统一规划，要有一种特别感，但没想到要做成这个样子，这个是没想到的。我当时是想先把房子修起来，老百姓住进来，然后慢慢地规划这个基础设施，慢慢来，没想到这么快。

（来自村支书访谈记录）

由此可见村支书在外部政策的影响下，初期决定动员村民进行异地搬迁，用统一规划的方式进行建设。

> 我们这里好多都报了要往外面搬。后来又没这个政策了，喊原地重建，我们就和原来的乡党委书记说了下我们的想法，我们就来看了下这块沙地。他就问我们得行不，这么多家的地，集中得起来不。我们就说我们得行，回来我们就开会。先只有20多户，后来才逐渐多起来的。
>
> （来自村支书访谈记录，
> 本书第二章第三节"走向重建"中亦有引用）

但由于外部制度环境的不确定性，初期的动员在此时失去了部分外部资源支持，但村书记认为已经开始了村民搬迁的动员，就要继续带领大家进行下去。维持目标的一致性而非朝令夕改，是乡村政治能人保持声誉和权威的手段之一。

> 当时好多村民背后骂我们，说我们搞破坏，当时是这样子的，这里的地势不是太好，第一个是水，发水的时候怕淹，第二个就是老百姓的经济压力大，原地重建的话花不了好多钱，搬下来的话花的钱要多得多。
>
> （来自村支书访谈记录，
> 本书第二章第三节"走向重建"中亦有引用）

可见村内仍有消极的声音，出于对传统社会生活的理解和家庭收入状况的考量，并非所有人都接受这样的重建目标。尽管有人反对，但仍旧有许多户愿意搬迁，村主任就是其中一家。

> 我咋能不搬呢，往下搬肯定要比上头好多了，不管啥子方面。
>
> （来自村主任访谈记录）

他的这段话值得分析，作为云村的村主任一直以一个合作伙伴的姿态配合、协助村支书的工作，在村内的能人角色中他一直居守"二把手"的位阶。因此他既作为能人中的一员参与到动员中，同时他也被强制性动员。

> 我们就开会，当时又不敢强迫嘛，自愿报名，28 户想往下搬。都愿意到这个沙坝来建房。这块地我们统一收回来了。我们折价是 5000 元一亩，当时 28 户，整体地势是 50 多亩，28 户来平摊嘛。这个价格是老百姓决定的，大家都同意。当时有的种花椒，当时统一定的价格就是 5000 元一亩，花椒不赔，这都是老百姓定的，我们不敢定哦，我们要走群众路线，我们只是定个大体的框框。5000 元的标准就是老百姓提出来一个，就在大会上问，高了还是低了，然后老百姓就说差不多。因为这个地不是承包地，是机动地，又是大家受益，所以赔偿标准就不高。

（来自村支书访谈记录，<br>本书第二章第三节"走向重建"中亦有引用）

　　建房并不是件容易的事情，既然有 28 户愿意往下搬迁在下面建房了，第一件要解决的事情就是征地，如何把村民手中的沙地集中起来。在这个过程中可以见到云村的重建动员一直遵循着自愿报名、共同议事的原则。

　　　　地基都划了，驻村干部干了七八天，线那些都划好了，说有钢架了……一开始是 L 教授通过乡上找到我的，我说我能做到，因为我当时抱着一种"我必须要给村民做件好事出来"。当时是说有 25 户就可以。

（来自村支书访谈记录）

　　此时清华团队带着大量的外部资源来到了云村，根据团队的负责人 L 教授回忆，当时选择云村作为计划点首先是因为村子有搬迁重建的需求，其次是认为云村的村支书为人诚恳正直、处事公正且有较开放的理念思想，该村内社会网络状况良好，没有出现严重的村内派系等问题。外部能人在进入该村庄之前一直在警惕着"村霸"的问题。这种村霸在曹锦清的笔下如此定义"利用掌管公共事务的权力而谋求本家庭、家族特殊私利的现象……当家族势力与村政权相结合一旦以谋私利为目的时，村霸就产生了"（曹锦清，2000）。因此，村内政治能人的人格特质和处理村利益的方式在促成这个合作中起到了较关键的作用。当重建中又出现了新的资源和变化时，村支书又要开始动员和宣导。

> 开大会，讲道理，分析钢架房有哪些好处。第一次开会只有10多户。第二次是有30多户，但是那个时候大家都还是七上八下的，有些还在看别人，就说他要去我也去，你不搬我也不搬。有些是一开始就不修，本身可以原址重建，可以省一笔钱，现在搬下来的很多人都贷款。最后是60户，又有几户退了。我当时定的是这样的，要盖每户就要交一千块钱定金，你把基础挖好了我就退给你。万一钢架到了你又要退出了怎么办。最后确定是55户。
>
> （来自村支书访谈记录）

在这一轮的动员中，因为注入的大量外部资源构成村庄的"共有财"，自愿加入的村民开始增加，同时村支书也给被动员者即将组成的小团体定下了"门槛"，以定金的形式约束合作关系。

> 当时我说我们村上给（参与整村重建计划的）每户人补贴一吨水泥，但是村上又没有钱，所以我把车子卖了，给每户人买了1吨水泥。
>
> （来自村支书访谈记录）

由于人们在集体行动中会有观望心理，通过观察其他人的行动来决定是否加入、投入多少，因此能人的率先投入对自组织动员具有至关重要的示范作用。能人在动员中也要具有奉献精神承担部分的初始成本，以促成自组织行动的实现。

> 村上干部的亲戚那些晓得，一个传一个就晓得了……我们开始在上面（老寨）的村委会开会，后来我们就在现场开会。
>
> （来自村民访谈记录，编码 INY-VRCA1）

动员的具体方法有村民会议的集体议事法，另外也主要依赖能人在村内盘根错节的亲属关系。村干部们与村里所有家庭都多少存在亲戚关系，他们在村内的社会关系发达，社会资本十分丰厚，这使得他们有机会也有这样的能力动员起全村范围内的大批村民。中国人的人情交换可以说是以情感的纽带作为联结，以交情换取利益的一种社会交换方式。人情交换具有价值的不明确性和偿还的不确定性。它和做生意不一样，是建立在双方相互信任的基础上的，并以坚定的感情基础作为日后偿还的保障。因此可能在短时间内，无法得到相应的回报。正是因为人与人之间存在千丝万缕的情感，才会产生人情交换这种行为。这种行为在亲人、朋友、同乡等各类熟人网络中普遍存在，能够将社会和经济的交易规范起来，人们能够运用关系网络构建更加稳定的社会环境，从而获得更多的可供支配的社会资源。

## 四 云村重建动员的社会结构与自有规范

聚居的村庄与城市社区相比，其同质性更高，相互之间的熟悉程度也更高，于是构成了一个没有陌生人的熟人社会。恰如学者在20世纪40年代所指出的那样，"乡土社会在地方性的限制下成立生于斯、死于斯的社会。常态的生活是终老是乡。假如在一个村子里的人都是这样的话，在人和人的关系上也就发生了一种特色，每个孩子都是在人家眼中看着长大的，在孩子眼里周围的人也是从小就看惯的。这是一个'熟悉'的社会，没有陌生人的社会"（费孝通，1998）。这个熟人社会的特性一是近，二是亲。所谓近，即圈子封闭，活动范围狭小，形成一个面对面的人际交往结构；所谓亲，就是村落中人们多为各种亲缘关系所网络，形成了一种普遍化的亲缘秩序。

在本书第二章中就介绍过云村的社会文化特质，在云村这样具有显著族群特征的熟人社会中，血缘、姻亲、地缘等各种关系错综复杂，相互交织，从某种意义上说，关系网络结成的关系共同体就构成了乡土社会本身。如有学者指出，"村民将他们的关系网络看作社会的基础。对于他们来说，关系构成了他们的本土小世界，在其中有他们自己的道德规范，人与人之间以此为依据相互交往。在这个小世界中，关系是莫斯所说的总体性社会现象，因为关系在这里为个人提供了囊括经济、政治、社会以及业余活动的社会空间"（阎云翔，

2006）。

　　乡村社会的自有规范，是指在长期的历史文明进程中，在乡民的长期生活、劳动合作和公共事务处理过程中形成的共识性地方惯习，它们被用于法律和规章之外协调乡村成员之间的常民化社会关系。自有规范在维护乡村社会的有序运转方面发挥着重要作用。事实上，很多乡村规范并没有被明确地阐释或规定下来，而只是被乡民们以共许的方式了解并遵守，是一种内化的行为法则。例如，乡村社会中互惠原则广泛存在于日常的生活交往中。在此，"互惠"并不是十分具体的行为方式，体现在某种事务之上，它更像是一种抽象的行为规范，与"正义""忠诚"等观念联系在一起。另外，乡村规范具有地域性，一般出自特定的社会区域的人群和组织，与该地区的自然条件、地理空间状态以及社群文化有着密切的联系，因此不同的乡村规范只对该地区的成员有效，甚至有的仅限于一个村落。农村社会规范的另一个重要特性是来源的内生性。一般来说，内部规则在农村社会的日常生活、生产过程，具有"自发"的性质。云村比较有代表性的乡村规范有生产劳作、房屋建设中的换工，以及日常生活的红白喜事等仪式庆典中的相帮执事等。

　　内部规则的形成、发展和变化与农村社会和社会生活的变化密切相关。事实上，农村社会的内部规则是不容易靠村民自行发现并整理的，但村民们通过无数的情境判断和历史进程逐渐摸索、学习。内源性一方面表明农村社会的内部规则是村民相互遵守，另一方面也表明乡村内部规划对内部成员所具有的意义。

## 五　自组织动员中认同的建立

"认同"是指完全内化他人的欲望（desire）与意图（intention）。社会认同则是指个体知晓他／她归属于特定的社会群体，而且他／她所获得的群体资格会赋予其某种情感和价值意义。认同，尤其是社会认同和群体是不可分割的。之所以这样说是因为个体对于自我的概念或定义在很大程度上由自我描述构成，而这种自我描述是与个体所属的群体特质联系在一起的，归属是心理层面的，而不仅仅是某个组织的特征。人们总是通过比较积极的社会身份和相关团体来追求积极的社会认同。如果个体没有一个令人满意的社会认同，他就会离开其组织或找到一个方法来实现积极的身份认同。人们使用各种各样的策略来区分，但当个人太热衷于自己的小群体，相信他们的群体比其他群体有无比的优越性时，他们会将积极的社会认同和自尊的意识运用到组织的区别中，这样做可能会引起群体偏见和团体之间的冲突。中国人的社会认同是可以创造的，所以自组织的建立是在寻找集体记忆的基础上的，寻找到了之后，组织可以创造成员的认同感。这是一个小团体形成的重要因素。

在地震后，云村的村干部在与外来资源以及外来能人的对接中，为村民构建了一个自主建设"轻钢房"的认同。一方面，建房并不是件容易的事情，涉及金钱、人力；另一方面，新修的房屋在很大程度上也将决定村民们未来的生活方式。地震后期村民在这些问题面前摇摆不定。在对村民的访谈中，他们屡次提到村支书给大家"开了很多会"。在会上，村支书——向村民转达、解释目前争取到的资源、拟订的计划。对每个村民而言，建房都是生活中最大的事，所以每次开会大家都很积极地参加并发表意见，最后大家决定在清华团队的协助下按照统规、统建的方式重建家园。

　　XYJ 老师提供的轻钢生态房方案，给村民带去极大的村庄荣誉感。轻钢生态房屋的结构主体部分使用轻钢、木材，其他部分就地取材，灵活使用草、土、石、竹、木等多样化的自然材料，这些都是绿色建材，并且大部分都可以回收或重复使用，对自然环境污染小。因为减少了水泥和砖的用量，轻钢生态房与一般混砖结构民房相比可大大减少碳排放量。云村的村民采用片石和黄泥砌墙、木材做楼板，并大量使用老屋拆下来的旧石料和旧木材，不仅非常环保，还减少了建筑费用，并且也保存了羌族传统建筑风貌。

> 　　我们现在的房子比以前要结实得多。下面地基也打得深，有四五尺深。用了圈梁，混凝土浇筑。但是现在的钢筋不能承太重，第一层用石头砌起来，上面两层就用木板，这样抗震。房顶统一用彩钢。
>
> 　　　　　　（来自村民访谈记录，编码 INY-VRCK1）
>
> 　　和原来的样式都差不多，羌族的风格，老百姓都喜欢，就里面是钢材，防震。
>
> 　　　　　　（来自村民访谈记录，编码 INY-VRCJ1）

他们认为自己的房子不仅抗震而且美观又独特。同时，轻钢房在一定程度上保留了羌族建筑的美学特征，因此村民对自身羌族文化的认同也没有遭到破坏。

> （没有参与重建的几户村民）现在都有成见吧，嫉妒。但是也没办法啊，我们原来采取自愿的，我也不是不让你修，不勉强也不阻挡，多次开会都是这样的。搬下来的就没什么了，只是没搬的对这儿（云村新村）看法很大。
>
> （来自村支书访谈记录）

毕竟全村仅有55户参与了轻钢生态房的自组织重建中，剩余的17户村民被置于这个新的共同体之外，两方不可避免地出现认同差异与关系张力。积极区分是认同构建中的关键原则，在自组织行动中认同一旦被建立，个体会热衷于区分自己的群体，寻找其独特性和优越感。

由此可见基于家庭、地缘等熟人关系基础上的动员网络具有如下两个方面的功能，一是沟通信息，二是强化认同。由于信息在熟人之间传递，信息能够被迅速准确地传播，而且其更容易被接受，另外这种传递方式还有利于"认知解放"。乡村成员对未来发展方向的"共识""愿景"，产生了一种新的认同，这也是维系社区内部动态平衡的要素。乡村成员虽具有不同的动机，但基于对某项价值的认同，进而愿意投入、奉献，维系组织的运转。可见，核心价值除了凝聚社区内部认同之外，亦是促成集体行动的一种动力来源。

## 六　小结

我们可以看到乡村组织化（或合作）的社会基础在于其熟人社会形态，血缘和地缘的高度结合再加上姻亲关系，使得农民在宗族、村庄等小群体内部有着密集的社会关联、较高的信任程度和社区认同感。在这样一个熟人社会中，自组织性的社区行为能否发生的关键就在于能人如何利用这种社区的社会资本存量，不断建立新的社区认同感，此外能人是否能够动员将大部分村民网罗在内的、互动频繁的工具网与情感交流网络对于村民自发地参与灾后重建活动也是很重要的。

由分析中可见自组织可以通过政治能人的中介作用从上级政府或其他社会组织的外部能人那里获得自身发展所需的外部援助。云村村支书就灵活地利用政治身份和社会资本主导了整个村庄自组织结构的发展，而村主任扮演配合角色的同时，其政治身份也给他相当大的角色压力使之进入动员的关键群体。这种外部支持资源供给模式的产生背景是缺乏集体积累的贫困村庄无力为自身提供公共产品和服务，村内政治能人的社会资本成为支持资源供给的源头。

中国农村社区自组织的过程中，能人需要动员其网络形成最初的工作团队，还要有能力获得良好的外部环境发展自组织。同时在内部资源分配的过程中，作为交换的中心人，能人持有订立规则和操作规则的合法性。能人现象证实了费孝通所说的"差序格局",能人必须通过自己的熟人关系网络开始动员,并利用现有的社会网络与已有规范。动员过程通常是一个能人带领一个关键群体,动员他们的网络,在"滚雪球"的过程中慢慢地扩大,动员的具体方法多是会议议事、熟人网络内信息传递等,操作规范多依赖人情法则,在这样的过程中小团体逐渐形成。因此,组织的边界必须以能人为核心进行弹性界定。同时,能人的因素,如社会经济地位、行为规范也决定了社会关系的动员和自组织机制的特点,这将进一步影响能人在社会网络结构中的声誉和被信任程度,最后决定自组织是否能达到目标和长期的合作。

第八章 ①

# 云村重建的信任建立与破坏

在建立自组织的过程中的自治理机制时必需的、最重要的是发展出信任机制、声誉机制和互惠机制，有了相互监督的机制，才能保障

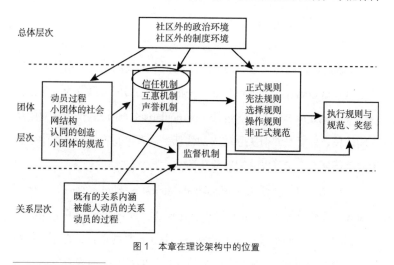

图 1　本章在理论架构中的位置

①　本章理论来自团队已发表论文（罗家德、李智超，2012）。

以后自定规章、自我执行的顺利。自组织治理机制是一个很庞大而且复杂的分析架构，下面我们试着从信任机制的建立开始，试着为云村的重建做一个自组织中信任机制和监督机制发展过程的分析。

奥斯特罗姆（Ostrom，2008）总结合作研究的实验时强调"信任关系"的建立对于自组织治理的重要性，即在自组织自定规则、自我管理的过程中，人是如何在特定的社会关系中，逐步发展出相互依赖关系，进而认为对方可以信赖，愿意继续保持合作的。基于此，我们对小团体中的两两关系以及网络结构是如何产生信任机制的进行理论分析。

## 一 信任的来源

在做信任机制建立过程的分析之前，下面我们先厘清信任的不同种类以及这些信任是如何产生的。一般而言，信任可以分为一般信任（generalized trust）以及特殊信任（particularistic trust），前者是对陌生人的信任，后者是对有关系的人的信任，后者才是自组织过程中要讨论的信任形态，又可以分为以下几类。

互相为利的信任（encapsulated-interest account of trust）。哈丁（Hardin，2001）提出互相为利的信任概念，强调两个从事交换的个人，因为相互之间都掌握对方的利益，基于工具性动机，在相互依赖之下，会尽量做出值得信赖（trust worthy）的行为。因为双方的行为总是可以信赖，所以渐渐地对对方产生信任。互相为利的信任在逻辑上看起来类似于博弈理论中的"计算性信任",二者都将利益的计算作为信任产生的基础,但也有不同之处,博弈下的信任是以持续的博弈为基础,一旦没有后续的利益,就会产生欺诈行为,而哈丁强调的是,基于工具性动机发生持续性的交换关系后,人们会预期对方有可信赖行为,进而产生心理性的依赖。

可信赖行为与第三方介绍带来的信任。如互相为利理论所述,可信赖行为是产生信任的核心,可信赖性一般包含能力、正直、公平一致、忠诚以及开放透明五个构面,当双方展现这样的人格特质时,信任就会产生。然而信息——谁是可信赖的、值得合作的——是一个关切度高、取得又需要高成本的"商品"(Zucker, et al., 1996),因此既有的关系或"第三方的闲言"(Burt & Knes, 1996)变得十分重要。换言之,信任如同关系一样可以有"递移性",经过一个自己信任的人的"背书"(即口头上为自己做的事情或自己说的话担保),我们也会信任一个朋友的朋友。"中介"在中国社会的人情交换中尤其重要,熟人关系中的一项工具性功能就是做介绍人(Luo, 2011),在好朋友有特别需求时,介绍拥有相关资源的人给好朋友,并为其行为做担保,将别人对自己的信任转移给熟人,这就是第三方中介的作用。

以情感为基础的信任。自格兰诺维特(Granovetter, 1973)划分强、弱连带之后,强连带被认为是产生信任的主要关系来源,亲密与情感是强连带的标志,情感的依赖使人们愿意表达善意,人们不愿欺骗别人的情感,因此降低了机会主义的可能性,而使双方保持善意的互动，增加相互信任。这类信任背后的行为动机是情感性的（Hwang，1987），格兰诺维特也称之为"自有动机"，也就是说，行为的目的就在于维系关系，关系的存在不为别的工具性利益，而为了关系本身。情感（expression）、认同（identity）与共同理想的热情（passion）都属于这类动机。当家人、亲戚、好友以及一个自己高度认同的小团体动员我们参加集体行动时，我们可能基于已有的信任、情感的感动而相信对方的计划及承诺，并参与合作，也可能因"不好意思拒绝"的人情压力而加入其中。

以人情交换为基础的信任。布劳（Blau，1964）的社会交换理论指出，社会交换不同于经济交换，它的回报不能立刻进行，也不能精确地算计，早还晚还、还多还少都要依赖对方的善意。所以不能像经济交易一般，银货两讫互不相欠，相反由于社会交换的模糊性、延迟性所带来的不确定性，施恩者必须相信受惠者的善意，相信对方在将来一定会回报，当这个信心被证实时，信任逐渐建立。长期社会交换的成功，使双方不断积累信心，因此建立了信任关系。中国社会的社会交换如果发生在熟人关系中（杨国枢，1993），或是混合性关系（混合了工具性动机与情感性动机）中，就被称为人情交换。基于人情交换的信任，一方面情感性关系—如强连带优势理论所说的会产生很强的情感性信任，另一方面又因为它具有工具性交换的特质，所以双方都必须展现可信赖行为，有欠有还，这样关系才能维系，所以这类关系在工作场域中往往是最值得信任的关系（Luo，2011）。

以封闭网络结构为基础的信任。山岸与山岸的研究（Yamagishi

& Yamagishi，1994）指出，在一个相对封闭的人际网络中，因为有较强的社会规范，所以封闭边界内的团体成员很少有逾矩行为，而且因为成员相对较少，又处在封闭的环境内，所以相互监督的能力很强，这更加使得团体内成员对其他成员产生依赖，即使对方并不是那么可以信赖，但相较于陌生人，团体内成员仍是合作的优先选择。山岸认为严格意义上这类信任关系其实是一种承诺关系，这类关系建基在封闭的网络结构之中，无选择性可言，我不信任甲，但必须在封闭团体内选择合作对象，没有其他可以选择的对象，只好与甲合作，这就是以封闭网络结构为基础的信任。例如，在社区关系网络较为封闭的传统乡村，既有的社会规范足以发挥某种强制作用，人情压力、道德谴责等都会限制机会行为，从而形成合作与信任。

以认同为基础的信任（Sheppard and Tuchinsky，1996）。一个自组织团体可以因为共同理想与愿景（shared vision），而使团体成员产生认同。认同是社会资本的一个构面，即社会资本的认知构面，组织成员分享共同愿景、共同价值、共同叙事以及共同生活背景。有证据表明共同愿景能够提高组织成员间的互信程度（Tsai and Ghoshal，1998），认同亦被认为是在中国社会中解释组织信任与知识分享的重要因素（Luo，2005）。

以口碑为基础的信任。他人的评价或"背书"会影响一个人受信任的程度，这个效果在小团体中就更为显著，信息的有效传递是有一定边界的，在小团体中较少有信息不对称问题，在其中流动的信息更为可信（Zucker, et al., 1996）。在信息有效传递的小团体内，建立起谁是可信赖的口碑，这正是奥斯特罗姆（Ostrom, 1998）强调的声誉机制，通过声誉机制，自组织团体会确定出大家信任的关键人员，让他们在决策、监督、领导上扮演重要角色，自定规则，并相互监督执行规则。这个机制在中国社会中尤其重要，中国人最重视面子，也就是重视自己在别人眼中是什么形象，"好面子""不好意思"使得中国人特别容易在小团体中表现出从众行为，声誉机制能在自组织治理中发挥极大的功能（翟学伟，2011）。

一个小团体如何产生信任，是自组织研究的关键，只有自组织成功，才能产生之后的自治理机制，以有效推行长时间的合作行动。传统建基在宗族社会、长老权威以及乡规民俗之上，在都市化、工业化之后的乡村社会里正发生改变，但这些传统在新的自组织治理中仍能发挥一定的作用，比如能人不但动员了封闭群体内的成员，而且能在不同的圈子进行协调。能人可以利用原有的情感关系、封闭网络形成的信任进行自组织规则的制定与调整，并使信任的边界发生变化。在一个自组织网络形成后，人们可以通过一定的方法来增加外人的可信程度，发展与外人之间的相互信任，而这个过程需要能人不仅是"一座桥"更是一个利益平衡者。我们认为，所谓"共有财"如同"自组织"，是一种实践，一种社会关系的运作，一个过程，而不只是一项物质或资财。但是"共有财"作为一种物质存在，却是让各种实践与社会关系得以发生的基础，因为它牵涉每个人的社会经济状况、社会关系网络状况以及当地的历史文化传统。

## 二　云村能人信任机制建构

### （一）以能人声誉为基础的信任构建

能人对集体行动的成功至关重要，也是在这个过程中，一个参与合作性集体行动的小团体逐渐生成，以关系为初始而建构出的网络结构慢慢发育。因此能人是一个自组织过程中，将组织内的层次信任联结为结构型信任的关键结点，最终决定自组织是否可以达成合作的目标并长期作用。

韦伯先前说过，"和单纯的经济造成的'阶级情景'不同，我们倾向于指出'位置境况'是每个人生活中不可或缺的部分，并且决定一个社会评估"。戈德索普和豪普（Goldthorpe & Hope，1972）指出，名声评估意味着社会当中的各种群体对"意义和价值"的诠释。然而祖克的探索明确地说明了声誉是产生信赖的原因：依据对某人曾经的作为和名声来判断其是否可以信赖，名声好的人自然可以得到信任（Zucker，1986）。

在地震前村支书就已担任此职多年，不可否认他的部分权威源于他的领导地位，村支书处理公共事务时需要利用自己的人际关系，但要拿捏得当、适可而止。抗灾时期，村支书和大儿子受重伤，随后行政部门将其送至省城进行无偿医疗。在住院期间，诸多村民前往探望，并表示希望由村支书带领大家开始重建工作。治愈后村支书卖掉了家中的车，在打地基阶段购买了水泥平均分给建房的村民，他下定决心带领村民走向重建。这一举动让村民有所触动，因此大家更加深了对村支书的信任并相信他能够带领大家进行重建。他家中有一位老母亲，他的妻子在打理家务，两个儿子还在 M 县县城读中学，这样看来除他之外家里也没有可用的壮劳力了。白天他全在为其他村民家的事情跑来跑去，而自家的房子最后才开始动工。在地震时他被压伤了背部和手臂，住了两个月的院，即便痊愈后也干不了多少重活。他总是在西装的左胸口处别着一枚红底金字的党徽。在重建过程中村支书扮演了"国家代理人"与"村庄当家人"的双重角色（徐勇，1999）。同时他也面临灾后的家庭困境，但在重建初期表现出的无私赢得了村民的尊敬和拥护。他扮演了村中最重要的被信任的第三方角色，在有信任缺失的村民与外来力量之间建立起合作关系。

### （二）自组织运作过程中的信任建构与小团体形态

自组织的过程就是不断形成社区内部规则，根据进程不断调整规则的过程。社区的规则既可以是明确的成文形式，由正式组织实施，也可以是被社区成员隐含理解的规范形式，在自发的基础上实施。在自发组成的规则中，信任是前提，但同时规则的运作与变化又将反向影响组织内的信任程度。

村庄根据现有的人情规范，制定出五类自组织参与、操作规则，第一类"换工"，以一天换一天、以大工换大工、以小工换小工，对于换工的内容不做界定，村支书记录工数；第二类"义务帮助"，指对于无交换能力的老弱病残家庭，已经分家出去的家人、亲戚和热心的村民有义务对他们提供（少量）帮助；第三类"帮忙的回馈"，人们称劳动的交换为"帮忙"，每户被帮助的家庭都会给来"帮忙"的人提供丰盛的午餐、烟酒等作为招待；第四类"请工优先"原则，指应当优先接受关系较为亲密的亲戚或朋友的邀请；第五类"定价规范"，熟人或经熟人介绍的工人师傅的劳务报酬低于市场价格。

黄光国的研究指出人们在群体当中经常根据三种法则进行社会交换或资源分配：公平法则、人情法则和需求法则。如果按上述划分，那么云村的用工制度是三者的糅合：第一种"换工"是公平法则与人情法则的混合，它只考虑工作的数量对等，不计算更详细的劳动量或劳动价值（如同样一天内盖房、播种、收割所需的体力是不同的，在农忙时还工与在农闲时还工的代价也不相同），不能精确计算的部分就是乡里乡亲间人情的交换；这种帮助建构了因情感及人情交换带来的信任。第二类、第三类"义务帮助"及其回馈是公平法则与需求法则的混合，"有一定程度的情感关系"的人们有义务在"关系网内某个人遇到难题时……同情他、体谅他，并尽力帮助他"，但这种帮助又不会像是对待家庭内的成员一样不计成本；这促进了情感性的信任。第四、第五类则形象地体现出，受混合关系的影响本该遵守公平交易的经济行为掺入了感情，交易不再仅仅遵循市场原则，而是在市场价格的基础上进行"打折"，折扣的部分相当于赠送的礼物或提供的帮助，也就是人际交往中的"送人情"。这既带有情感性信任，又有了照顾彼此利益的内涵，包含相互为利的信任。

社区成员通过以情感为纽带的人际关系，很容易建立起对彼此的信任，因为这类信任背后的行为动机是情感性的。一般而言，在传统村庄的社区成员之间主要为情感的信任，我们发现，在传统村庄的现代化转型过程中，情感的信任对于社区成员的合作达成仍然非常重要。另外，人际间的情感纽带会牵制彼此间的行动与互动模式。在发生冲突时，情感的纽带就像无形的规则，可以适度规范、约束彼此间的行为。这样的约制，可以减少机会主义行为，也可以维系彼此间人际关系，有助于达成合作，进而形成集体行动力。可见，社区成员间由"强关系"而来的情感性信任仍然是建构彼此间共同信念与达成集体行动的重要基础。

（三）结构与制度带来的信任

建房过程中不断有经营"共有财"的规则被创造出来，这种规则是能人主导、共同形成的集体选择规则，其中以制度规范为主、能人主导为辅。云村重建的动员者是政治、经济及社会三合一的能人，重建过程中引入了村民共同决策机制，所以村内社会网结构是完整的，原有的乡亲关系还使得这一网络结构密度增大。自组织的运作中一个关键的环节就是制定规则，分配资源。在这个过程中，如果仅靠封闭网络内部的人情法则，那么能人的声誉很容易受到质疑，因此要遵守广义的社会规则——群体内均分法则（翟学伟，2005）才能对自组织起到支持和推动作用。群体内均分是指划清社群界限后，在能人的带领下在社群中平均分配资源，同时在处理与外部关系时保证公开透明。

首先，有关资源的分配。遇到分配宅基地的难题时，因为地理位置的影响，因为不能像分配一般商品一样分配宅基地，所以村支书使用抓阄的方法，虽然这个方法也不是绝对的公平，但是也基本达到了机会均等的目的，并且在群众的眼皮底下操作，无论结果好坏都不会造成纠纷。另外均分法则还表现在能源的供给上。村里55户人家要共同分担30户楼梯的钱值得说一说。在接受捐赠的村民中，有30户没有楼梯架，已经得到捐献的户就要承担这笔钱。村子里让得到捐赠的户来平摊这部分费用。这样做的原因就是：全部村民都觉得外人赠送的东西是一个整体，这些东西的享有者是55户人家，所以应该由他们来承担这个费用，避免投机取巧行为。能人在自组织的内部资源分配中，把人情当作纽带，熟练运用人情法则，这么做对自组织内的信任形成有积极的作用。

其次，有关信息的传递。村民对村干部处理外部关系时的角色期待是他们代表村庄和村民利益，而村支书和村主任在这个问题上积极沟通，尽量避免信息不对称情况下产生的猜测和质疑，做到信息共享、资讯透明，在这一阶段成功地扮演了村民利益保护者的角色，得到村民的广泛信任。

震后两个月后，村里专门派一个人到乡政府值班，将乡政府的信息第一时间反馈到村上，再由村主任组织村民开会，我们这种会3~5天开一次，一般户主来开，然后转告到每户。村上意见一般都由两委会来解决，实在解决不了，就由村民和村干部一起到乡上解决，一般解决结果都令村民相当满意。我们以多种形式向村民宣传过灾后重建的政策和规定并征求过灾后重建的意见和建议，一，向每户发放相关政策文件。二，县上发放了物资明白卡，我们召集大会，村干部和村民一起选出合适的村民代表人选来发放物资给村民，然后以盖手印的形式一一落实在明白卡上。在重建过程中，也采取上述形式，把每笔账目都落实在明白卡上，以备核实。三，召开大会，一种是全村大会，男女老少都要参加，还有一种是一般户主参加的大会。四，在村委会门前的公告栏上张贴一些公告。五，要求我们向上级反映一些问题，如，灾后重建轻钢房的问题，我们一个月去乡政府开 2~3 次会向上级反映，这几天，我们去开会正在讨论，尽量给村民要些政策回来，如，等轻钢房盖好了，周围都用水泥把路修起来。

（来自村主任访谈记录）

## 三　信任的边界

熟人的人情交换既是一种带有情感性的强连带又是一种社会关系的交换，情感是信任的基础，社会交换则需要对方在一段时间以后善意的回报，所以往复的交换会产生信任。生人之间是工具性交换，也就是双方各怀私利的目的进行社会交换，但长期的社会交换也会产生信任，而且长期的工具性交换中，人们总是要展现可信赖行为以取得更多的交换机会，所以也能培养出信任感来（Hardin，2001）。因此

这些关系对中国人而言，都是取得资源的重要管道，共同构成人脉网
（Luo，2005）。

对于社区而言，其内部存在的人际关系网极其复杂，并非所有实
施行为的人员都可以实现面对面的交流与沟通，对于这种情况，通过
对不同人际关系网的适当应用，可以建设与构造更为间接的沟通通
道。当大家普遍认同的"第三方"成为信息沟通的通道及担保人员
时，可以在一定意义上突破村庄已有的人际关系网，进而建设全新的
信任关系。内部的能人会先于村庄其他人与第三方互动，其体现出的
关系类型与行为规范将影响到整个自组织的信任扩张。

清华团队在参与的过程中，在村支书召集之下，为村民召开多次
会议，该团队利用学术专业优势不断挖掘、记录村庄的集体记忆，协
助这个重建自组织确立共同目标以及行动策略，该团队不断取得村民
的信任。在之后的纷争中，清华团队还在一定意义上扮演了被信任的
第三方的角色。清华团队之所以可以由外来辅导团队转变成与云村
的重建自组织有深度关系联结的外部能人，也是因为其行为方式与
规则得到了村民的认同，同时团队与村庄政治能人遵循透明、公正
及人情规范等法则，团队进入了自组织的圈内，延伸了云村村民的
信任边界。继而，这支重建团队又可以充当中介的角色，介绍更多
的社会组织进入云村，提供例如技术指导、儿童教育等方面的社会
服务。

而村支书与上级政府干部、援建单位的互动并非完全透明，而且
没有及时与村民沟通，这使村内出现很多对政府援助政策的猜测与传

言，当援建单位的修路车压坏村内公路时，从村民的抗议中可以看出，村民对外来行政力量的不信任与排斥。

在中国人的生活中一般会用"信得过""靠得住"等有关信任的概念等界定"自己人"，"外人"会有与之相反的概念（杨宜音，1999）。"自己人"可以将"自我"代替，并充分表现自我，所以，对他人的包容并不是对自我及社会认同需求的体现，而是自我的统一，要建立一个信任身份类别，以保证交往的和谐。而对于一个结构型的村庄来讲，也有一个"自己人"与"外人"的区分，当与封闭结构以外的人或团体交往时双方建立起其更为密切的情感、义务及信任关系，除了运用合作实现自我关联以外，能人在其中的推介作用不可忽视，这是一种信用的"背书"与保障。

## 四　信任的破坏

### （一）自组织内部出现可信赖性危机

可信赖行为（trustworthiness）的研究不是研究一个人信任别人的倾向，而是研究一个人被别人信任的特质。巴特勒与康垂尔（Butler and Cantrell，1984）指出可信赖性包括能力（competence）、正直（integrity）、公平一致（consistency）、忠诚（loyalty）以及开放透明（openness）。信任一个人是因为对方展现了这些特质。当信任方感知到被信任方的行为与其正面预期不吻合时，可信赖性就遭到了破坏。先前部分研究证明，有时即使破坏可信赖性的行为实际上没有发生，仅仅一些没经过证实的传言也会使信任受到一定的损害。另外，相对于受害者，那些因可信赖性行为遭到破坏而受伤害的人也可能会因此降低对其的信任度。这种信任危机的出现可能是因失信方的能力不足从而不能满足信任方先前的预期，也有可能是由于失信方利用对方对自己的信任而谋取利益。

在云村的重建过程中，村干部的能力未曾遭到过质疑，但是在捐赠款项与材料落实后，需要村民投入私有财进行房屋装修时，陆续出现的楼梯事件以及钢网事件使村民对他以及他所代表的关键群体的开放透明以及正直产生了质疑。虽然在门窗采购中，村支书和村主任坚持说是受了商家的欺骗，但是由于没有用公开的方式进行澄清，而是让村民直接面对商家，因此流言在村内蔓延（参见第三章第六节）。

在经历了统一采购失败后，村庄内部对村支书及其他村干部的信任受到了破坏，并直接影响了重建的进程。均分法则的重要性不言而喻，而公开透明是这个机制能够有效运作的关键。前期大家一起讨论要不要迁村下山，采取自愿原则选择留在山上还是下山，新村的地基用抽签的方式决定，缺少的钢材由大家平分补齐，村民以户为单位出工一起整地，所以自组织十分顺畅。但是随后套用村民的说法是"大会变小会，小会变私会"，到了"门窗事件"时，村民就不再信任村干部，四处打听门窗的价格，而且言之凿凿地找到了更便宜的货品。此时谣言四起，甚至有流言称村内的公共示范房是村支书自己的第二套私产房，清华团队与云村所在乡的乡党委干部不得不出面为村支书辟谣，挽回他在村民中间流失的信任。

同样，当通过村庄的换工传统与新的合作规范将村民所获得的外部资助材料使用完毕后，买钢网事件则让清华团队也面临信任危机。虽然动员村民加入自组织建房的是村支书，但清华团队不但是自组织的发动者，也是村民自定换工规章的辅导者，且一直是纠纷时的第三方仲裁者。但钢网事件发生时，村民又四处打听有没有便宜的钢网，最终自组织分裂了。虽然清华团队极力与为村民联络钢网的工程团队进行切割，但还是让村民产生不信任感。

## （二）自组织内部规则的动态不平衡对信任的瓦解

自组织过程中，需要能人随着环境变化而不断调整各种机制，整个团体的社会网结构和内部互动过程也要随之变化。

而云村的重建就展示了当自组织内部的规则无法随着网络内外部的发展变化而变化时，动态的不平衡对信任造成的影响。首先，在自组织内部，云村换工的传统，在震后建房的过程中因为劳动力的紧张并没有得到体现。在这个过程中，村支书在公共事务方面利用已有的关系连带试图解决问题，但又不能忽略村民之间的面子或私人关系，面对诸多的抱怨与"无法出工"，村支书没有再坚持将合作建房的换工传统继续下去。之后，村民根据已有的情感连带形成了新型的自助合作团体。有四联户四家一起建房的，也一起购买材料；有四户各修各的，有明显的界线；有请其他户帮忙砌有技术难度的部分，自己去其他户砌的。因此，"利益"调和的困境使得村庄的互动模式发生变化，村庄内进行了自我合作关系的重新洗牌，生产合作可以使互利的关系更加紧密，而无法完成良好的工具性交换也使关系更加疏远。

其次，当云村面对新的外来资源供给时，如在基础设施建设中，形式化地施行了"以工代赈"，使村内少数人从中得利，自组织并没有进行互惠机制的再次制定与更新。尤其当面对行政命令要求在指定日期完工时，县乡级的政府通过行政力量完全介入了这次始于自组织的村庄重建之中。村民的换工系统被瓦解，村民不再继续投入自己的力量，而是等待"政府的人来做就好了"。因此自组织发展过程中的规则制定与相应机制的动态不平衡对网络内部的信任产生很大的负向影响。

## 五　小结

一个村庄自组织的发生过程展示了这个网络内信任机制建构的作用，从云村的重建过程中可以看到，传统建基在血缘、亲缘、乡规民俗的内部规范，都市性及工业性的商业建设中传统不断发生各种变化，不过虽然这些传统在变化，但其在组织的治理过程中依然会发挥一定的效用，比如能人不但动员了封闭群体内的成员，并能在不同的圈子进行协调。能人可以利用原有的情感性关系、封闭网络形成的信任进行自组织规则的制定与调整，并使信任的边界发生变化。在一个自组织网络形成后，一般情况下人们可以利用这一方式来提升对他人的可信度，并与外人建立信任关系，而这个过程中，能人不仅是

"桥"，更是一个利益平衡者。另外，在云村的自组织过程中出现一些新的特质，首先，最重要的能人除了村支书外，还有外来的重建辅导团队，团队通过自身的努力，发展为大家所信任的第三方，在大部分协商中发展为仲裁人员。

我们可以看到因为能人的中介作用，使得一些新型的合作关系产生，能人扮演着被信任第三方的角色，促成了更多信任关系的产生。而在重建相互帮忙及换工的过程里，关系性信任被不断发展，混合了情感性的、人情交换性的以及相互为利的信任，交换双方的关系持续而稳定。同时，一个"换工合作社"的群体形成，关系性信任以及第三方信任逐渐发展出因社会网结构的封闭与紧密而产生的结构性信任，并开始建构自治理机制，进一步建立出社群内的制度性信任。这是自组织过程中，云村所展示的信任机制变化的轨迹。

但是信任的建立是一步一步发展出来的，信任的破坏却十分迅速，几个事件，尤其是要村民自己出钱建房的事件中，决议的不公开、不透明使得谣言四起，同时自治理规则也随着外在环境的变化不断被修改，可惜云村的反应不够快，因为信任遭到破坏后，自治理机制的自我生产能力下降了，所以规则与行为间产生不平衡，也给信任机制带来一定的破坏。这些经验再次说明了现代中国农村"善分不善合"的特质。

第九章

# 云村重建的自治理机制

本书在第一章中就提到，无论在怎样的社会背景下，都不可能仅依靠某一独立的机制来完成良好的治理，良好的治理需要市场、层级和网络三者互相吸收、互相补充而结合重构成新的治理模式。因此本章重点分析云村自治理机制的建立、自我管理规则的发展过程。

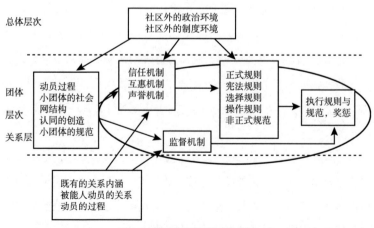

图1　本章在自治理架构中的位置

## 一　能人与自治理规则的建立

能人在自组织的运作中一个关键的环节就是订立规则，分配资源。但同时这种规则也随着社区行动的发展而不断被调整。

第一，有关共有资源的分配层面，遵守着严格的均分法则和互惠机制。在重建动员阶段村支书就考虑到征地过程中没有参加到重建计划中的村民的利益，最后 55 户分摊了其余未参与农户的征地补偿金。

> 对于征地问题，全村共有 71 户人家，每户人家拥有 4 分地，而现在有 55 户修建轻钢房，每户需要 8 分地，村两委会召集村民开大会。村委会按每户 4 分地统一收回，再折价每亩 1 万元价格建房屋，修轻钢房的村民就要给未修建轻钢房的村民补差价 4000 元。这笔款是要在竣工后再发到未修建轻钢房的村民手里的。
>
> （来自村主任访谈记录）

在面对宅基地分配问题时，由于受位置等因素的影响，经统一规划的宅基地无法像其他物品一样按照数量均分，村支书采用了抓阄的分配方式。进行两次抓阄：第一次决定抓阄顺序，第二次按照抓阄顺序决定地基分配。整个过程进行得很有序。

问：抓阄的时候有没有人监督？

答：有，村支书、村主任这些村干部都要抓阄。

问：对地基分配有没有什么不满意的地方？

答：没有，都是抓阄的，面积都一样大。

（来自村支书访谈记录，本书第二章第三节"走向重建"

中亦有引用）

在立钢架阶段也是用抓阄决定立架的顺序。同时，均分法则体现出资源的内部整合性。乡村中的 55 户家庭平摊 30 户楼梯费用的事件值得研究。在此事件中运用相应的解决方式实现 55 户对 30 户的楼梯架费用的分摊。建立起的这些决议的逻辑性在于，村民通常认为在外界的资源捐赠上一般是统一的，也就是说资源的总和为 25 户楼梯架及 55 户房架，这些资源通常为 55 户所共同占有，而且此外还会在 55 户中实现成本均分，尽量避免有人吃亏或占便宜的现象出现。

"当人们在一个地方生活了多年以后，会形成许多共同的互惠规范和模式，这就是他们的社会资本，利用这一资本，他们能够建立起制度以解决公共资源使用中出现的困境"（帕特南，2001）。在封闭群体内成员达成目标的最佳做法就是与其他人主动交往，去表达友好、去建立社会纽带，形成一种互惠机制，产生出一种亲密的社会关系与社会纽带，如熟络、亲和、认同等。这些社会关系在自组织整体上的效果就是整个组织成员的认同感、一体化，个人对社区的归属感等。

成熟的自组织共同体通常包含以下要素：首先，双方存在有分歧的利益，但他们也知道相互依赖，这促进了妥协。其次，通过有代表性的社团整合利益。继而，这些参与者中有发言人和谈判者，他们相互接触，这为代表之间形成个人信任提供机会。

在集体协商中，参与者们能够不断证实彼此尊重诺言的可信性，由于重复的多轮协商而注意到具体的个人，他们参加了各个时期的交流，相互让步，由此建立起相互的个人信任。帕特南认为，信赖、互惠规范及公民参与网络等社会资本有助于促成自发性的合作与协调，可以用来改善社会行动。这种互惠规范是一种基于道德而非法律、普遍而非均衡的互惠规范。规范的互惠不是合作者"一手交钱、一手交货"式的"均衡互惠"，而是"现在己予人、将来人予己"的"普遍均衡"，一个良好的预期支持着大家遵守规范，等待实惠的到来。在这个集体协商阶段，原本是以能人的第三方信任为"背书"的集体规则逐渐在集体协商中转化为以参与者间的关系性信任为基础的互惠法则。

一个团体内的频繁交往可能有助于产生成员间的局部互惠规范，因为每个人逐渐学会与其他人合作。具体而言，社会资本所蕴含的信任与互惠规范能够解决社区居民之间的承诺问题，从而更好地解决集体行动问题。首先，社区居民参与网络培养了生机勃勃的普遍化互惠惯例，即我这样对你，希望你能够相应地回报我。其次，社区居民参与网络也有利于协调和沟通，并且放大了其他个人值得信任的信息。研究"囚徒困境"以及相关博弈论的学者提出，通过反复的博弈，更容易维持合作关系（Axelrod，1986）。当交易在密集的社会互动网络中进行时，导致机会主义和胡作非为的激励因素就减少了。密集的社会联系容易产生公共舆论和其他有助于培养声誉的方式，这些是在一个复杂的社会中建立信任的必要基础。最后，社区居民参与网络体现了过去协作的成功，这些成功不但证明了居民参与网络在过去岁月中的价值，而且为居民解决社区公共事务的新问题提供了方法。像信任、惯习以及网络这样的社会资本存量有自我强化和积累的倾向，因一次成功的合作而建立起的联系和信任有利于未来在完成其他不相关任务时的合作。在这个阶段，社会网的封闭性与紧密性提供了良好的结构性信任，产生监督机制，有效地执行了共拟的规则，强化了合作成功的印象，自组织过程呈现良性发展。

第二，在需要投入私产的建房阶段，理性交换法则占据主要位置。云村的能人在部分规则供给中十分成功，但部分又不很成功，尤其表现在公、私矛盾，即国家规定和村民需求有矛盾的时候。

"公"与"私"的概念在中国社会存在已久，中国人的古话有"天下为公"，也同样说"人不为己天诛地灭"，它们并行不悖地在民间社会存在。在云村的重建中，最终的家屋实则为私产的范畴，但因为大量的社会资助构成的共有财的先期投入，所以使得重建以钢架落成为分界点，公私产的投入有了短暂的阶段性划分，但是随着之后政府的全面介入，村庄又被注入了大量的共有财，伴随着房屋的继续建设，公私产的界限又再次模糊。如果说"公"产的使用和分配以传统社会"道德经济"为基础的话，那么在"私"产的处理中，村民则开始有"理性算计"。在云村重建中，这两种观念是共存的，这两种观念对自组织的规范有不同的考量。

　　尽管有过开会、挨家挨户告知过，很多措施还没有实施，一方面大家都有侥幸心理，另一方面是大家都贪图省事。我对这些房屋的安全隐患只能遗憾了。比方说其中一栋楼的一家抢先在分户墙处砌了30公分石墙，造价高不说，还造成整栋楼首层的弱化，真痛心，最后连我自己都只好心怀侥幸：希望不要刚好发生在这堵墙上……

　　全体统一了二层楼板、隔户墙、屋顶的做法之后，应该下订单了，否则工期就将被耽误。有部分村民不理解，为什么二层外墙砌石墙的话反而不稳当，又得各个击破，分别说服。有心急的，早已将二层外墙砌了半米。站在那户人家的二层，我对户主大叔讲解了钢架和墙的相互作用，看起来他好像听懂了，在道理上是通的，但是还有两点执着：一是喜欢传统的石墙，二是怕做混凝土墙太花钱。其实如果从材料和工价来讲，石墙并不比混凝土墙便宜，而且砌上二层有安全隐患。我想，这两天是不是去找没想通的户主都沟通一下。村干部已经有点儿不想管了。甚至有人说"谁家的房子墙倒了谁家负责吧"。可惜，现在的建筑形式将几家已经连成了一个整体，从一栋楼的整体来讲，没有"单独为政"的余地了。有些安全上的、结构上的、应用上的道理，细细地跟村民讲，他们多半是会点头接受的，但是转过身又抛开了，还是侥幸心理在作怪。

工地一切正常，首层的石墙有半数接近完成，有三栋楼已经不管不顾地砌上二层。今天在一户人家那儿放了一句重话："你就是要钱不要命。"明知道不安全，还接着做下去，只因为砌墙是不用钱的，是换工得来的，那不就是"省钱比安全重要"的典范吗？

（来自驻村工程监理记录）

上面这三段记录材料来自 2009 年 4 月底对驻村工程监理志愿者的访谈，可以看到，虽然个体是理性的，但自组织整体未必是理性的。行动者有微观、中观至宏观层次之分，那么理性行动者同样也有这样的层次划分。微观的理性行动者如个人或家庭，中观与宏观的理性行动者是组织或者社会整体。为了使个体理性不损害到整体的理性目标，中观与宏观行动者往往会制定限制那些造成负面外部效应的个体理性行动者的规则，同时个体也会应用策略在整体理性中获取个体利益的最大化。在这里能人要跳离微观的生活情境，参与到规范的制定中来，使规则逐渐成为被个体理性者接受的行动规范和选择。从云村的案例中看到，即便村民的重建房屋已是四连排整体中的一栋，村民仍舍弃结构的安全性而追求省钱省事，并总以侥幸的心理预估个体理性选择的后果，导致整体规范无法有效建立并推行。

村民的理性和算计在私产投入的"门窗事件"中体现出来。

问：现在这个门窗是不是村上还准备统一订购呢？

答：是，质量差得很。具体这个事情还有我参加的，当时乡上养路段那个班长，他有一个亲戚在做这个生意，就来找到村支书和村主任，还有我，就商谈下说统一给他们。我们也到处打听了，价格比当地要便宜点。村上还派了小杨下去专门去厂里看，看了说可以。

问：那当时是所有的村民都同意到下面去订购？

答：都同意的，只有两家，他们自己在做门。当时阳村有个小伙子在NW也做这个生意，在云村做了一家。后来货拉来了，全部都放在示范房这个房子里。

问：后来据说有村民不愿意要这个门窗了？

答：有一部分没有要，当时我就没有要。

问：为什么？

答：质量不好，还有一些是在途中运输的时候磨损了。

问：当时不是说要统一的吗？不要可以？

答：是要统一嘛，我后来买的这些要便宜得多。

问：那后来那些不要门窗了，怎么解决的？

答：后来莫法了，也就都来拿了。钱都交了的，54户总共先交了三万二的定金。

问：当时这个门窗开会怎么说的？

答：开会了，当时就说，这个门窗要交定钱。

问：那后来出了这个事情又开会没有？

答：村主任和书记说了，必须要统一，这个是风貌需要，不买就不行。

问：那村民的抱怨大吗？

答：大，质量又不好，这个事情还是掺了点水。当时看了的东西和后来拉上来的东西是不一样的，老板给的样式一样，但是质量不一样。

（来自村民访谈记录，编码INY-VRCJ3）

村民认为村干部为了追求村庄风貌而极力推行门窗统一订购，但他们认为价钱太高且质量不过关，因为此时购买材料村民需要从家庭积蓄或贷款中支付，因此对价格高度关注。

当然是统一定购好啊，好得多，因为数量多了，跟厂家也好谈价，运费也要节约点。比如说我们就我们八户拉这个，运费是熟人就只是给了点油钱，要是整村统一拉上来的，肯定要节约好多。刚开始我们也想的是啥子统一，找两个村民代表，公道点的，比方说门窗、彩钢瓦、水泥啊，找两个公道的人去，给他点工资，老百姓大家平摊两个人也就轻松嘛，那他就不能赚钱，拉上来运费一除，比方说水泥，当时这里卖720元，真正统一去拉的话，肯定要节约一些钱的，但是老百姓他们就不理解……我那时都伤心了，你晓得的，弄那个门窗就把我和村支书弄得里外不是人。其实当时我们想的每个窗子便宜几块钱还是对嘛，后头弄的……

后来又来个钢网，你晓得嘛，把我们两个脑壳皮子都弄麻了。所以我们就不想统一了，真的要统一行动的话，肯定要便宜得多，他们拉上来那些钢网起码要贵将近七八块一个平方。

（来自村主任访谈记录）

村干部与村民的想法不同，他们希望推动上面的政策，保持全村房屋风貌的一致，在进一步的重建中维持自组织的运作，同时通过合作统一采购降低成本，可以为村民谋利。但是他们忽视了在私产处置中村民的理性程度，统一风貌不足以调动村民合作的积极性，更何况村民开始怀疑能人打着"公"的招牌，其实有了私心，所以这一阶段的制度供给就完全失败。以村干部为主要构成的村庄动员能人应该开始思考新的规范以达到自组织的维持。

## 二 声誉机制与非正式规范

声誉机制强调声誉可以作为有效的信息，传递行为主体的内在特征，并对参与各方的策略与行为产生影响。对声誉进行研究始起于克雷普斯等人（Kreps, et al., 1982），他们利用博弈论将声誉正式引入行动模型中，分析一方参与人的声誉对博弈双方行为的影响。克雷普斯等人在模型中将声誉定义为对行为主体的一种认知，即在信息不对称的条件下，一方参与人对于另一方参与人的认知是对某种人格类型或其偏好的概率的一种认知，且这种认知将根据新的信息不断被调整，以反映对行为主体认知的变化。

声誉的作用在于为关心长期利益的参与人提供一种隐性激励以保证其短期行动的承诺，声誉因此可以看作一种隐性合约。声誉是行为主体的一种无形资本，即声誉资本。声誉资本能给行为主体带来超额收益。同时，声誉贬值也会给行为主体造成相应的损失。经济学家多是从理性的经济人出发，研究声誉对行为主体的影响，而自组织的研究则从嵌在社会关系网络中的社会人的假设出发，强调受人尊重、具有良好的人际关系本身就是对行为人的激励，是人内在的需要。良好的声誉能给人带来赞誉、尊重与更大的社会吸引力，这就是声誉的满足感效应。也就是说，具有良好的声誉本来就是人的一种需要，获取良好的声誉本身就是其行为的目的。

在重建过程中村支书同时扮演了"国家代理人"与"村庄代言人"的角色，是自组织的动员者，也是重建中资源最主要的分配者，当个人需要某种资源而要求其关系网内的某个资源支配者给予协助时，资源支配者往往顾及相互间的情面。假如资源支配者坚持公平法则，不给予对方特殊的帮助，则势必会影响他们之间的关系，甚至破坏其"人缘"。人情的困境就在于，资源支配者接受资源请托者的人情请托时，必然要付出某些代价。如果其是资源的拥有者，自己便要承受某些损失；如果其只是握有公共资源的支配权，假使将资源进行有利于请托者的分配，则可能遭到其他利益相关者的非议甚至法律惩处。

与此同时，村支书也通过换工等规则的建立与推行，在联系密切、关系和谐的云村居民之间建立了一种稳定的社会声望体系。在社会共同体中，人和人之间的联系越密切，社会声望体系就越有利于自组织，居民为了团体利益而相互合作。这是因为过于密切的社区居民会因为社区网络的连带而不愿意进行不合作和欺瞒诈骗，比如一个喜好贪图小便宜的人总是害怕违反社会公众利益会严重影响自己的声誉；而一个乐于助人的人常常会因为做的好事给自己带来荣誉和赞美。不良的信用纪律会使人在合作范围内不受他人欢迎，对于具有正常情感和理智的人来说，成为"边缘人"、被某个团体排斥的感觉是极为难受的。在相互信任、互惠规范的网络关系中，违反规范的人将受到来自社区内和社会的压力和排斥，所以社区居民的密切联系和互动能够有效减少社区成员的搭便车行为，规范个人的社会生活和经济生活。

除云村的换工之外还有 18 位立钢架的固定村民，回顾他们的遴选和组织运作方式（参见第三章中 2008 年 11 月 20 日的日志中对村主任的访谈记录）可以发现，除了象征性的工钱外，出于自组织内的互惠原则，村民还要用午饭、烟酒等方式给予回馈，以表达村民对这 18 人组成的钢架队的尊敬与敬佩。这就是重建房屋"换工合作"的操作规则第二类"义务帮助"以及第三类"帮忙的回馈"，其背后是村庄中的一种声誉机制，部分人以无私奉献的方式得到整体社区对其社会声望的肯定，村民通过日常生活中的回馈来表达这样的肯定。

建立在互动频繁基础上的社会声望体系具有较强的监督激励作用，他们能够自发地影响社区公共事务管理，一方面在社区范围内，密切联系着的社区成员对于彼此的未来有着较大影响，能够推动人们向有利于社会发展的方向进行活动，从而避免在未来遭到打击报复；另一方面，社区成员的密切联系降低了因信息不对称带来的成本，帮助社会人更多地发现其他成员的特点和增加对未来的预期，这一优点大大减少了社区成员"搭便车"的不良行为。在一个知根知底的社群，如协会、俱乐部、小团体、地区公共环境和社区中，由隶属于同一个社群的人来进行口碑上的监督和惩罚工作，制约了不属于正式规则执法范围内但是影响了其他人利益的行为。

所以与自组织成员密切相关的社会资本依赖于成员之间建立起来的人际网络，在封闭而紧密的社会网中，如果有强大的非正式规范，声誉的监督机制可以保证可信赖的承诺（Yamagishi & Yamagishi，1994），这类社会资本不仅构成了自治理机制的基础，也成为促进社会发展和维护社会和谐的重要资源。

## 三　规范的执行与破坏

在云村的协力重建中，政治能人村支书和村主任同村民商讨出了一套监督和约束的方法，通过村民大会的形式将其确定为正式规范：①针对关键群体：负责人共 4 名，分别负责现金保管、现金监督、会计和人事；现金保管和现金监督各出 3 个数字组成取款密码，并且互相保密，只有两人共同在场的时候才能取出公共资金。开工以后，负责人不仅要出工，还要分别对各户出工情况进行监督和考勤。②针对参与重建的全体村民：每户上交 1000 元保证金，作为开工后自家要完成分摊出工量的担保金；先预估每户出 2 个工，如果不够再加 1 个工，以此类推；如果该户没出工，或者不能保质保量地出工，则不能通过负责人的考勤，将在结算的时候按照市场价折算扣除的保证金，作为多出工人员的报酬。这样的约束性规范在共有资源供应阶段运行得良好。

而云村的重建就展示了当自组织内部的规则无法随着网络外部的发展变化而变化时，动态的不平衡对规范的影响。当云村再度面对外来资源的新供给时，如在基础设施建设中形式化地施行了"以工代赈"，市场法则使村内少数经济能人获利，却破坏了互惠机制，继而动摇了自组织的规范。在一连串村的基础工程展开之际，参加包工的云村村民却很少，这成为村民抱怨的原因。按照政策的初衷，"以工代赈"的参与主体、收益以及受益的对象都必须直接面向在灾害中受到经济损失的困难群众。村民原以为包到工程的同村人老柏会继续以人情法则、均分法则让村中居民，尤其是那些国家政策希望补助的居民得到利益，但老柏是市场思维，雇用外来人以追求利润最大化，云村居民对自组织的合作产生了根本的怀疑。

云村重建自组织的最大破坏力来自全面介入的政府行政力。尤其当行政命令要求在 2009 年的 10 月 1 日新中国成立 60 周年大庆之前务必完工时，为举办村落建成典礼，县乡级的政府通过行政力量完全介入了这次始于自组织的村庄重建之中。

问：上面的人来主要做了哪些事情？
答：主要就是街道硬化、污水处理、人畜饮水。

问：都是上面来做的？村民不管？

答：村民不用管。

问：那关于村民改造有没有征求村民的意见？

答：没有。

问：后来还经常开会不？

答：开还是开，只是少了。

问：开会主要是讲些什么？

答：主要讲卫生，卫生方面讲得多。来的人比较多，定下 8 户一天，天天都要打扫。

问：这个打扫卫生的决定是怎么做出来的？

答：徐书记和唐书记，开大会说的。直接说了，当时政府补贴每家五百块钱，这个钱就不发，比如说要是该我扫的时候我不去，就扣我钱。

问：那你怎么看待政府做的这些事情？

答：我觉得做得好。唯一不足的是花了钱，没有把事情做好。比如说这些风貌改造，政府是给了钱的，但是下面没有做好。

（来自村民访谈记录，编码 INY-VRCJ3）

问：三楼现在弄了吗？

答：三楼还没呢。

问：打算怎么弄？

答：三楼他们说的是国家给弄，这都没弄，意思是国家给弄。

问：国家给弄的话要等吧，大概什么时候？

答：不知道了。

（来自村民访谈记录，编码 INY-VRCL1）

在这个过程中，云村居民产生了等、靠、要的心态，自组织一定建立在强大的自我管理以完成共有财的供给上，当大家觉得可以不劳而获时，自组织自然瓦解了。

以往的由上而下的层级治理模式，往往强调普遍适用的正式规则，强调由上而下的设计与规划，所以缺乏因地制宜的弹性。当在地居民共同参与共有财的提供与管理时，就能够把当地的历史文化特色、长久生活获取的地方性知识以及已有规范适当地融入自组织治理的过程中，创造出具有特色的组织方式，让关系与社会网在监督机制中发挥重要的作用。

在合作过程中总会出现因失范而产生的冲突，小团体的封闭性及合作规范可以带来内部监督，群体排斥也可以作为惩罚的手段。但这时关系的弥合也需要第三方的仲裁，这种仲裁可以是组织内部具有高度声望的人或关键群体，也可以是外来的、接受仲裁双方都信任的第三方。因此本研究将外部支持团队作为"外部能人"来界定，进而纳入对村庄自组织过程的运作分析。因为这些外部能人不仅能够带来资源与智力、技术支持，更重要的是他们可以为自组织带来第三方的监督效力，尤其当内部监督机制因为人情与关系的冲击而失效时。

在云村的自组织重建中笔者发现一个很值得深入思考的现象，由于村内的人情法则在关系运作过程中发挥了很大作用，对合作规范带来的监督反而起到了削减的作用。清华团队向云村村集体租用了一块地作为轻钢生态房的建筑方法示范房，在 2008 年入冬前购齐了装修建材放在村委会内请村民代为保管，而第二年春天回到云村时重建团队的成员发现材料都已丢失，多次向村支书等人反映也无果，而村民也清楚地知晓这个事件，但大家保持缄默，用沉默回应"失范"后的尴尬。

之后云村村民还与驻扎附近修路的华川建设集团发生过纠纷，关于起因村支书用"因为华川的工地在这边，有些是其他村偷的，但是和这个村子挨得太近了，就要涉及我们村"而一带而过。但后来的处理方式是乡派出所将云村闹事的三个年轻人拘留了几日。之后，云村村民再次与华川的工人发生了冲突事件。

由此可见无论在自组织过程中还是在面对外部其他力量的时候，监督机制都会有失效的时候，无法规范或惩罚村庄内的行为失范，内部人基于人情相熟、知根知底而能监督，但在发生侵扰外人等失范行为的时候村民用"沉默"进行回应，这也从一个侧面反映出自组织的正常运转无法完全依赖内部监督实现。

## 四　小结

在云村重建的自组织运作过程中，在以村支书为代表的政治能人的主导下，村庄内部处理共有财的规则主要是靠人情交换与均分法则所建立的互惠机制，他们建立了一系列换工、共同施工以及分配地基的操作规则，以及通过决议而集体协商的选择规则。其间能人对声誉和监督机制的管理决定了自组织的稳定运行，人情法则是中国乡村自组织运作中不可回避的行为方式，但在一定程度上会对能人的声誉产生负面影响，尤其当外部环境改变，自治理规则却不能相应地改变时，各类规则遭到了破坏。此时，外来能人在一定程度上可以起到"第三方"监督的作用。

另外，自组织的运作也是多方社会力量混合作用的演化过程，当政府和市场力量进入之后，一直以来推动云村自组织的政治能人没有能够在村庄自有和已建规范之上协调出新的行动规则。在这个阶段经济能人对市场资源的接手使村民产生了不公平感，在多种质疑声中，经济能人成为破坏自组织运作规则的众矢之的；同时在政府行政力量的大量投入、政治工程的赶工过程中，政治能人让位于"国家代理人"，自组织的自我管理功能基本丧失，取而代之的是村民出现消极等靠、观望心态。因此，自组织的运作规则要根据内外部环境的变化而进行动态调整，否则将对组织的稳固和发展造成很大的负面影响。

第十章

# 云村与其他自组织的比较
## ——以能人为范例 [①]

## 一 乡村能人与乡村发展案例

下面通过云村周边地区四个村庄的能人现象的案例总结，以求在现实中清楚地理解能人概念和社会关系特质。

### （一）社会能人主导："就地重建"运动

BC 县 C 乡在地震当中受灾严重，后又遭遇 9 月份的洪涝灾害，河床抬高 20 米，整个沿河的村都处于危险之中。然而，乡政府不能快速地做出永久性住房重建的具体决策。村民对现在的生存状况严重不满，干群关系比较紧张。笔者走访调查时（2009 年 5 月）大多村民居住在安置点的板房区，或住在旁边自搭的帐篷里，少量人住在受损较轻的老房子里。

---

① 本章修改自本研究团队已发表文章（罗家德，孙瑜等，2013）。

S村是C乡下属的一个行政村，辖6个村民小组，村民沿山散居。其中三、五、六组在地震中受灾严重，大量的房屋和农田被垮塌的山体损毁，村民只能采取异地重建，三个组的村民住在山下红星板房安置点。一、二、四组受灾较轻，大部分土地可以复耕，房屋部分损毁，修整后可以居住，但因地质脆弱，雨季时仍存在发生洪水的可能性，只有少数人回到山上老屋，大多村民因孩子就学的便利和对灾害再发生的恐惧，与三、五、六组一同住在山下的板房区。总体上，村委会遵从乡政府的指示，综合采用统建居民社区、原地自建民房、鼓励自主外迁和建造廉租房等多种形式，但震后一年仍未做出具体的决策。山上山下形成"对峙"的阵势：板房区住着三、五、六组的村民，其中包括现任村主任Z主任，和一、二、四组"等着政府给安排"的村民；山上有些房屋损坏较轻，大部分是一、二、四组村民的房屋，这些村民不参与板房区域的活动也不关心由政治能人传达的政策指令，他们已经在山上搭建自己的临时住所或回原屋内住宿，他们坚持在原屋的住址上重建，组成了以二组村民G为首的"就地重建"派，G利用自己的社会关系在地震之后争取到乡政府的两次拨款，为山上村民修复了通往山上的水电、公路等基础设施。

　　就地重建派的G村民现年60岁，共产党员，是原陈家坝乡的会计，在乡级机关单位供职三十多年，"对乡上和村上的事儿没有不知道的"，离休后在村内的事务中仍有一定的影响力，且与县乡领导有一定的联系，G村民的儿子和女婿均在乡政府担任要职。作为二组的成员，他曾在地震前后两次带领组员选举组长；作为村中少有的党员之一，对于村级党支部也有举足轻重的影响力，现任村支书可以说是由他带着"其他党员一起保上来的"。

　　G村民在震前带领二组推举出组长，但是震后他便发现组长与村主任Z主任"过于亲密"，包括物资分配、重建方案都是背着他与村主任商量。这位组长的做法在程序上并没有错，但是G村民意识到这名组长后来的行为已经违背了推举初衷。于是，在G村民的带领下，换了另一位村民任组长。第二任组长也没有让他满意，很快就换了第三位（现任）。第三任组长在"重建选择异地还是原地"一事上与G村民看法一致。村民的临时过渡房是在G村民的指导下由换工组织搭建起来的。同时，G村民在恢复水电、道路设施等方面做了大量工作，从乡和县争取到拨款与援助，并在施工中组织村民出人出力和提供伙食。普通村民对G村民的评价是"精明，能成事"。

　　村干部在救灾政策实施过程中存在"朝令夕改"、出尔反尔的问题。建房补助款调配方式与建房贷款的规则几次被改动，导致有人从中谋利、有人则无及时的利益分配，许多村民对此意见很大。村民普遍认为村主任在物资发放方面不公平，好东西全部分给他自己的亲戚，分到村民手上的全都是些质量很差的物品，而且别的村都发了好多东西，该村什么都没有，"不知道这些当官的吞到哪里去了"，村民对村干部的信任降到了最低点。

　　（二）经济能人主导：合作养牛

　　在"回迁运动"的同一个村庄，六组组长C在震后开始思考如何在土地损毁的情况下解决村民的生计问题。凭借之前创业的经验，在对当地情况进行详细的考察和思考后，他决定动员村民集中利用村里所剩不多的土地资源，并由全组 24 户合资创办黄牛养殖场。确实这一计划后，他开始"单独走访，挨家挨户地去找、去劝说"，很多村民对此持观望态度。村民相信他的经营能力，但是认为集资养牛一事"有点不靠谱，投资意识不强，怕承担风险，心里没底，不愿意加入"。最开始响应他的有 5 个人，真正启动时剩余两人：C 组长的堂兄成村民，成的亲戚刘村民和 C 组长本人。地震前成某和刘某常年在外务工，C 组长曾经采伐过木材、种植黄连和养羊等。

三家人凑齐了 10 万多元，保证了前期基础设施的投入，但远远不足预算所需的 30 万元，我们进行调研时他们正在从乡政府申请农村发展扶贫项目资金。因为是跨组租地，三人挨家挨户地去谈，并逐个签约，最终从受灾较轻的四组村民手中租到 15 亩土地作为圈养场地，租金每年每亩 400 元，修建牛圈时使用的是被拆除的板房材料，是与负责板房拆迁的乡政府人员协商后买进的，价格比使用其他材料节省了约 50%。

村干部对 C 组长的养牛计划并不热心，既不表示支持，也无反对意见。在农村以个人的身份跨组租地比较困难，C 组长曾请村主任、书记或者驻村干部能够出面帮助沟通协调，但除村支书支持外，手握实权的村主任和驻村干部对这事并不支持。后来因资金问题，C 组长找到乡政府的相关部门申请贷款，并从负责养殖业的副乡长那里得到了关于申请扶贫项目资金的信息。因乡政府对这一项目的看重和支持，C 组长以远低于市价的价格买到了建造牛圈所需的板房材料。

### （三）政治能人主导：M 寨的蔬菜种植合作社

M 县 M 寨位于半高山，平均海拔 2600 米。20 世纪 90 年代，M 寨村民曾种植过苹果，后因苹果质量下降失去销路；后来在华西医科大学的教授推荐下改种药材，但因此种药材生长期长、经济效益不高而放弃。自 1999 年起，村支书 H 书记决定带领村民种植蔬菜，成立蔬菜协会。M 寨地震中受灾程度较轻，在外部的援建之下恢复较快。

作为村支书，H 书记推广这一计划的第一步是召开党委会，强制性要求所有党员必须带头发展这一产业，每人种一亩地的蔬菜。这样蔬菜协会正式开始运作。由于没有掌握好时令，收成并不算好。接下来两年取得成果之后，村民开始自愿加入种菜的行列，并动员自己的亲戚朋友加入，蔬菜协会渐成规模。在我们调研时，蔬菜种植已经发展成为全村产业，村民人均收入过万元。农民在 M 县、绵阳、成都等地有了固定的销售市场，并打造出 "M 寨" 的品牌，近几年很多蔬菜商贩慕名前来采购。

关于蔬菜协会内部的管理，H 书记也充分利用了村支书的职权，为了保证意见统一，有时候采取行政命令的手段。比如，在农田基本灌溉设施的修建上，村民意见不统一，他首先发动党员使得整件事情顺利进行，保证了农田的用水，对于不愿意出力的老百姓，村支书强制其执行。

起初村干部和村民都不懂市场，也不懂技术。但是 H 书记对政府各个部门的职能都很熟悉，知道采取什么途径可以取得农业部门的支援，以及制度上的认可。一方面他取得了乡镇领导的支持，将 M 寨蔬菜协会视作一个农村经济合作示范组织进行建设；另一方面在 M 县科技局、农业局等相关部门，他也取得了相应的资源与帮助，蔬菜种子由县农业局补贴，农药、化肥等也由农业局统一发放；科技局专门为村里安排技术人员长期驻扎指导；县建设局批准了改善 M 寨交通条件的申请，拓宽了 M 寨的公路，为蔬菜运输提供了便利；相关部门还曾专门为蔬菜寻找销售渠道。

M 县将 M 寨定为示范点，而 M 寨所在的乡也将其视作一个亮点进行打造，尽可能地给予制度上的便利。在需要的时候，H 书记可以越过乡镇一级，直接向县或市级的相关部门提出申请，以获得协会发展所需要的支持和援助。比如，作为乡人大代表，H 书记在县人大会议上就提出要改善 M 寨的基础设施、环境卫生，提交了报告最后被采纳。M 寨的经济发展也为 H 书记带来了体制内的认可，他被评为阿坝州劳动模范、四川省农村优秀人才等。

（四）政治—经济—社会综合型能人：GM 村的合作机制

G 市 GM 村地处偏远山区，人均年收入 3000 元左右，是"四川省十年扶贫规划重点贫困村"，70% 的青壮年劳动力在外务工。"5·12"地震中全村受灾异常严重，村民房屋全部受损，受到地质滑坡灾害的影响，公路、灌溉设施、饮水设施损毁严重。地震后被选为"国务院扶贫办贫困村灾后重建试点村"，现在是广元市的一个亮点。

现任村支书兼村主任 W 曾在信联社开过运钞车，在农业银行给领导当过司机，辞职后曾自搞企业。当地一位村民曾承包村中的山地，但经营不善导致亏损，W 以超出市价 1000 元的价格接手，并利用大山搞经营，但是当时的 M 村交通极其闭塞，且治安混乱、村风不好，极大地限制了产业的发展。在 2000 年的换届选举中，W 主任通过向镇长毛遂自荐成为候选人之一，并顺利地通过村民的选举成为村支书兼村主任。就任后，W 通过订立村规民约来整治村风，并严惩村霸以儆效尤。面对村委会一无办公室、二无收入的窘况，W 选择在家办公，面对村民一穷二白的状况，W 放弃集资修路的尝试，在水电局、物资总公司经理的帮助下，修通了全村的路。

现在村中的自组织有生猪养殖合作社、村民资金互助合作社、农民工协会、老年人协会和地震后村委会下属的农民建房自助合作组。基本上这几个协会都是 W 组织起来的，并由 W 兼任会长。其中农民工协会于 2003 年注册，入会会员缴纳 100 元会费，协会的宗旨在于维护本村外出务工人员的权益，以集体的名义向在外受到不公正待遇的村民提供帮助，收取的会费作为维权的经费。老人协会选举会长、副会长、秘书长，主要任务是为村中留守的老人提供福利，并解决与老年人相关的事务，以分担村委会的工作。2008 年地震前，W 主任正在带领村民筹备资金成立村民资金互助合作社以促进农户经济生产。地震后出于建房的需要 W 主任在村民的提议下着手组织农民建房自助合作组，该组包括四个小组：资金管理组、材料组、监督组和施工组。随着项目在村内的宣传推广，不断地有村民入社，村委会召集社员开会，由社员选举会计、出纳以及组长、理事长等负责人。在人工短缺、建材紧俏的情况下，M 村村民在互助建房的机制下以最低的成本和最快的速度完成住房建设。

（五）外来能人主导：外来团队动员 A 村种植有机蔬菜

A 村，地处成都平原的腹地，东紧邻成都市繁华市区，距成都市三环路 25 公里；西紧靠都江堰风景名胜区。该村面积约 8 平方公里，耕地面积 3300 亩，农户 1125 户，人口 3363 人。由于距成都市区较近，很多村民也外出务工，但随着成都市的扩张，回乡发展的村民逐渐增多，形成了主要产业花卉苗木。A 村有河流经过，该区自然植被丰富，空气清新，靠近走马河河坝的地带风景尤为优美，但该区土质疏松，沙地渗透性强，村民生活产生的废物未经过处理就被直接排出，另外生产时使用很多化肥农药，这些生产生活产生的废物很快渗透到走马河，但村民从未想过这会给自己生存的环境带来怎样的变化。

2005 年城市河流专家治理成都府南河污染问题时发现，府南河的水质污染 60% 来自上游农村，即上游农村生产生活方式造成的污染已严重威胁到城市河流。在这样的背景下，由成都市政府批示、当地相关部门支持，成都 CH 研究会（环保 NGO）实施的"成都府南河上游 A 村可持续发展示范项目"在 A 村启动，该项目最初的目的虽然是保护府南河水质、保护环境，但府南河上游沿河地带普遍是沙土，土质松软，渗透性强，加上水系发达，养殖污水、农药化肥及生活污水等都全部排进了府南河，想要达到长期治理水域的目的，必须在该社区建立一种"生态环保零污染"的农村生产生活方式，即可持续农业发展。2005 年冬，CH 研究会来到 A 村开始宣传，2006 年初沼气池建好。在 CH 研究会的努力下有部分人留下来，在宣传生态环保的同时，CH 研究会也展开其他实质性工作，即沼气池修建。CH 研究会希望动员社区村民修建沼气池减少污染，这也是为将来种植有机蔬菜做准备。当时动员河坝村民修建沼气池时，CH 研究会补贴一半的钱，但一开始只有 3 户愿意加入，直到这 3 户的沼气池快完工时，大批村民才陆续报名参加；到 2006 年 3 月二十几户沼气池全部完工。随着 CH 研究会请来越来越多的专家学者为村民讲解生态环保知识，一直坚持培训的村民慢慢了解了自己生活的环境，了解自己生产生活方式对环境的污染。在同样的条件下，从一开始只有 3 户加入到二十几户加入，这说明村民慢慢开始接受生态环保的知识，也愿意尝试。从社会系统的角度看，行动者开始在外界系统的刺激下，做出反应。

2006 年初，CH 研究会开始下一阶段工作：动员村民参加有机蔬菜种植。首先，CH 研究会邀请国内外种植有机蔬菜的专家来 A 村跟当地村民交流，给村民讲解种有机蔬菜的亲身经历，之后又请村上有知识有意愿的村民到其他地方学习有机农耕的方法，通过一番互动与学习，A 村的少数人慢慢接受这种耕作方式，最开始只有 5 户愿意尝试，但后来有 11 户愿意加入。

2007 年年初，CH 研究会开始筹划、建立有机蔬菜种植合作社。A

村有机蔬菜种植合作社是在 CH 研究会的指导下成立的，研究会的工作人员直接参与其中，虽然没有注册但内部已通过非正式会议选出管理层，管理层主要由当地社区文化水平较高的年轻人组成，这些人都是村庄能人。但合作社成立不到一年，第一季蔬菜成熟不久后合作社内外矛盾几乎同时爆发，村民们纷纷退出有机蔬菜种植，2007 年 8 月合作社不复存在。村民退社原因主要有以下三个。

首先，市场不接受，销路不行。有机蔬菜耕作方式独特，曾经使用化肥农药的土壤需要三年的转化时间，在转化的三年必须停用农药化肥，全部使用农家肥，这就使长出的蔬菜产量低，奇形怪状，还长满虫眼，没有卖相；市场的不认同与不信任，使得并不多的蔬菜烂在地里，村民没有收益。虽有 CH 研究会帮忙宣传并销售，但没有客户的生产方式很难让村民继续接受。

其次，管理不善，账目不清。初期还没有得到市场认可时，CH 研究会的工作人员通过个人社会网络帮村民拉客户、找销路，但合作社刚刚成立时从配菜、账目到收入分配都由合作社统一管理，没有正式的规章制度，操作程序也不规范，很多村民卖菜之后没拿到卖菜的钱，怨声四起。

最后，合作社团结意识淡薄。不管是有机蔬菜种植还是合作社的成立，村民一开始对其并没有太多的了解，在很短的时间里加入其中还不能适应，加上当时合作社管理层缺乏经验，造成内部团结意识淡薄，管理层没能及时分配收入，成员感觉不公。

从 2005 年到 2007 年 CH 研究会在 A 村多次开展关于生态、有机农耕的讲座，也多次举行外出参观交流的活动，虽然很多人退出了有机蔬菜种植，但仍然有一些人做出了不同的选择。这反映出行动者对动员者理念的认同度、接受度不同，从而导致行动者采取的行动也并不一致，这是系统内部协调的结果。2007 年 8 月就在大家纷纷退社时还有 5 户留了下来。从此，有机蔬菜种植开始在以 G 家为核心形成了不同于第一次合作社形式的基于亲缘关系的合作团体。有机蔬菜种植团队的第二次动员主要是行动者内部的动员，CH 研究会在宣传理念阶段在社区行动者中培育关键性人物，之后 CH 研究会退出社区主导者位置扮演陪伴者角色，而社区关键性人物利用自身对村中行动者的认识以及对社区关系的了解，有序地动员行动者参与，从而使得社区内部系统和外部系统协调分工，积极配合，社区在不断的调节中形成和谐稳定的局面。

## 二　从动员到自组织的运作：本土案例的分析

1. 经济能人的涌现与危机。从以上案例可以看出，自 1978 年实行家庭联产承包责任制以来，农村社区也逐渐涌现出大量的经济能人，他们年龄集中在 35~55 岁，通常具有较高的文化水平、开阔的眼界、相对超前的经济意识和高收入，从事过多种工作，有多元的收入来源，是经济改革中先富起来的一部分人。例如案例二中的 C 组长有经营头脑，善于捕捉市场信息、敢想敢干，是具有代表性的中国农村创业型草根企业家。面对地震后自家经营受损、村中耕地被毁、村民生活困难的状况，他认识到集体合作的重要性，有志于组织社员集中资金和土地投建养殖场，发展规模养殖业。在内部成员共享资源的同时，C组长利用个人关系逐一地从其他村民手中租到建场必需的土地，并积极争取外部（政府）的认可和帮助，以弥补会员不足、资金不足的缺陷，并获得有利于产业发展的制度环境。在现代中国农村，衡量一个人能力的首要标准是其创造经济价值的能力，经济精英在经济财富创造方面的成功，使他们容易在老百姓中形成较高的威望。但同时经济能人在村庄自组织中，在一定程度上是市场利益的代表，理性化是人追求经济利益时的一种表现，当经济能人过度追求效率和效益，通过避开本村人情关系的方式降低成本时，使得自组织没有延续互惠机制，这将会对自组织产生很大破坏力。

2. 政治能人和部分能够调动政治资源的社会能人仍然起到关键作用。M寨H书记的经济条件在当地不算最好，但村支书的职位使得H书记成为体制内的政治精英，可以制定规则，发动村党支部、村委会成员带头尝试新产业，并最终以行政的力量推动经济发展和村貌改造。本研究中云村的村支书、村主任在领导整村重建的过程中，也注意发挥村民的集体意识和自主性，协调重建过程中村民的意见和分歧，并同时与上级政府和援建单位保持良好的关系。案例一中的G某作为村中的老党员和乡政府的退休会计，曾是行政体制内的一员，他了解上级政府和村级组织的办事程序，认识很多政府部门的官员，退休后仍具有社会网络的优势与政治余威，能够召集群众在一定程度上采取一致行动。

　　自组织获得上级政府或者其他社会组织的外部援助是通过村庄政治能人的中介作用实现的。村庄的发展是政治能人运用政治身份和资本实现的。由于缺乏资源积累的穷困村庄本身是不能产生产品和服务的，在这种条件下产生了外部供给资源模式，政治能人的社会资本和他们的无私奉献是资源供给的来源。在一些案例中我们可以发现，只有那些有着社会地位和政治地位的能人能够代表整个村向外界争取资源。能人们了解上级政府和村委员会办事步骤，他们结识许多政府部门的高级领导，只有他们才可以代表群众向上级政府争取更多的权益和资源。政治能人在权力、信任以及网络多样化这些方面和普通人相比都有着绝对的优势，各种体制给予政治能人丰富的权力资源，这些资源既可以维持自组织的起步，也可以阻止其他自组织的发展。根据调查，具有代表性的情况就是当体制内外的能人发生矛盾的时候，体制内的能人可以持"中立"的态度对别人的自组织行为进行抵制。并且，政治能人的权力影响要比其他能人的自组织的影响范围大。体制内的政治能人可以同时扮演两个角色，分别是"国家代理人"与"村庄当家人"（徐勇，1999）。但迈克尔·麦金尼斯与文森特·奥斯特罗姆（2001）的研究表明，自主治理顺利运作的条件包括"社群的成员必须维持一种自力更生的态度，公共官员必须满足于在一个具有多个权威和交叠管辖单位的多中心体制中运作的条件"，"公共官员扩大自己的权力或者其所控制的各种资源的范围"则是对自治理可持续性的威胁。S村的分裂体现了这个道理。政治能人与社会能人的分裂预示着社会网不再是一个相对封闭且内部十分紧密的社会网结构。

3. 外部能人的融入。案例五中 A 村现在的有机蔬菜种植主要是外部团体 CH 研究会一直在推动，最开始 CH 研究会在村内做的事情基本上是环境保护方面的，他们主要做一些宣传、讲座等，这些都是 CH 研究会对这个村庄的支持。在所进行的有机蔬菜种植动员中，CH 研究会充分利用了当地的网络关系，找准农民中有可能参与的关系家族，进而实现点带动面的动员效果。但是当 CH 研究会发现其内部出现问题时，基于 NGO 的组织原则，CH 研究会也不愿意过多地参与其中，远离矛盾，所以现在 CH 研究会基本上算是退出了这个有机蔬菜种植小组，只是还会在其他方面进行支持，比如带旅游观光团队等等，给大家增加接待时的收入，在对外宣传方面也做了很多工作。结合云村中外来能人的作用过程，可见外来能人首先可以利用已存在的关系网搭建起新的关系网并发挥其动力与吸引力，带来一定量的社会资本，并逐步建立起信任与声誉；对外又为村庄联系外部资源，进行对外宣传，增加村民获取新的社会资本的能力。

4. 混合型能人逐渐出现。如 GM 村 W 主任曾在信联社、银行等金融机构就职，后来又自搞生产经营，W 主任的过人之处即伴随着职业的变迁拓展关系资源、增加经济实力，但是 W 主任改变村庄贫困落后面貌的志愿萌生于他被正式纳入体制之前。与经济改革同步的政治改革赋予了村民选择村庄代理人的权利，村民通过直接选举的制度渠道，把他们心目中的经济能人推上村政舞台，并期待这些人为他们谋求实际利益，卷入民主化的农村能人在村庄中取得了积极的治理绩效，成为社会—经济—政治三位一体的混合型能人。

## 三　中西行业自组织的案例比较：中西差异的呈现

虽然对于能人现象的分析在既有的自组织理论中也存在，表现在"动员精英"及"关键少数"以及自治理理论中，但总结我们的案例，仍可以看出一些不同。下面选取中西两个城市中行业自组织案例，做进一步的比较分析，并增加与西方理论对话的可能。虽然比较中可以得到很多理论的启发，但不宜急于做出推论，笔者仅在比较基础上找出一些共通特征以及差异，并进一步总结出乡村能人现象的独特之处。但我们认为比较中找出的"异"与"同"都是有价值的假设，希望将更多的案例加入比较，这才能将假设步步逼近真实。

第一个案例是本土的一个行业协会。L市隶属河北省，地处环渤海经济圈。金属玻璃家具产业产值为62亿元。L市的家具行业始于20世纪80年代。早期真正从事家具生产的人很少，大多是从邻近村落买来桌面、桌架和椅子，然后去各地销售。每逢集日，L市西桥下坡的街道两侧就有很多卖家具的，这是当地最早的家具市场。1985年，L市有了第一家家具厂，但实际上只是一个家庭作坊，手工制作铁架圆桌和春秋椅。80年代是金属玻璃家具业开始发展，当地出现了约

60家作坊式家具厂，大多是兄弟合伙的几千元投资规模。那时候的企业仅能制造简单的家具零配件及低档产品，发展极其艰难。20世纪90年代，L市家具行业开始兴起。1993年老钢木家具城落成开业，这个交易平台使L市成为北方重要的家具市场。早期L市的家具行业存在严重的"抄袭之风"，"砸价"等不正当竞争行为也很盛行。当时一家企业的一款新品上市，不出三天就会被模仿，一周之后成为所有家具厂的新款。并且，各家之间为了争抢生意，竞相压价，"挖人"之风也很盛行。2004年3月，在L市政府的倡导下，L市第一届家具协会正式成立。但是最初成立的协会没有专业的办公人员，也没有经费开支。成立一年时间，仅开过两次会。虽然会上大家也曾协商停止相互压价，最后仍是无果而终。协会基本形同虚设，会员也慢慢散掉。

2005年5月10日，家协进行了换届改选。在四名候选人中，WHL（下文简称W）全票通过当选为理事长。与协会中其他成员不同，W并不从事家具产业，而主要从事房地产经营。当时，W及其公司正在筹划一个名为"家具博览城"的商业地产项目，由W负责建设一个新颖、规模更大的家具交易市场，铺位将出租或出售给L市的家具企业。他认为，L市的家具产业拥有很好的前景，但销售渠道仍是一个薄弱的环节。1993年建成的老家具城在规模和设施上都已经不能满足家具企业的需求。正是借着筹备家具博览城的契机，W作为一个"外行"加入了家具协会。这次会议虽然名为改选，实际上几乎等于成立了一个新协会。除了沿用原来的名称，协会的会员、理事会成员和章程都发生了变动。

与前一任协会不同，W 上任后，首先就组织了专门负责协会的工作团队。W 派遣自己企业中的得力干将张某（下文称 Z，后担任 W 名下家具博览城项目的总经理）兼职担任协会的秘书长，并雇用了 6 名专职工作人员。Z 是协会各项工作的实际负责人和协调人，6 名专职人员有不同的分工，分别属于外联部、编辑部、会员部和办公室。外联部主要负责协会对外联络，包括与其他地区家协进行交流，联系展会、参观；编辑部负责制作发行协会的内部刊物；会员部主要负责管理会员和发展新会员，每年都会组织对家具企业的拜访，以了解会员的反馈和争取新会员；办公室负责日常的管理。此外，所有的专业人员定向负责 1~3 个副理事长的定向服务。同时，这些专职人员也为会员提供信息，进行协调等。

由于老协会运作不成功，许多成员已经不愿再参加协会。W 上任后，Z 组织协会人员对主要家具企业进行了走访，一共走访了 300 余家企业，一一上门介绍协会换届后的新情况，争取会员加入。新协会刚成立之际，共争取到了 54 名会员，其中仅十余家是以前协会的老会员。此外，协会还积极组织会员参加家具博览会，扩大客源。这次的展会，企业就只负责发货，到现场摆放产品，其他所有的事情都由协会负责，包括装修、布展、展位的分布、与主办方的协调等。协会组织发动十二家企业一起商量面积和具体位置的分配，最终采用了等分的原则，将 462 平方米的展厅切分成 12 块，前面 6 块，后面 6 块。在位置的分配上，协会根据企业所送展品的大小做出调整，谁的东西较高较大，就安排靠后的位置。渐渐地，当地家具企业的竞争开始从内部转向外部，企业之间加强了沟通合作，开始重视地方品牌的打造，不正当竞争行为也大大减少了。2005年9月，L市S镇被中国轻工业联合会、中国家具协会授予"中国金属玻璃家具产业基地"称号，2006年被省政府批准为"省金属玻璃家具产业特色基地"。当地的家具行业逐渐开始形成区域品牌。

第二个案例则是美国商业史上著名的行业协会"半导体制造技术联合体"（SEMATECH），从中可以看出关键群体的结构对合作行为的影响作用。SEMATECH成立于1987年，是美国历史上第一个大规模行业内合作的范例，被认为是合作组织的成功典范。由于其开创性和巨大影响，美国学者对其建立过程进行了深入的研究，并留下了其历史的详尽记录（Browning，Larry& Shelter，2000）。20世纪70年代，在日本的强势竞争之下，美国国内分散的半导体行业遇到全面危机。SEMATECH就是在这种情况下成立的，其初始成员共有14家，包括英特尔、IBM、AT&T等在半导体制造业中居领先地位的高科技企业，总市场份额占到美国半导体市场的85%。在SEMATECH的创建过程中，值得注意的是其人员机制。SEMATECH中的人员包括两种不同的身份：一种是会员企业派出的委派员（assignee）。委派员由会员企业派出，通常任期两年，两年后大部分仍将回到母公司继续其本职工作。这些人通常是企业中的中高级管理人员或技术专家，他们作为行业资深人士，拥有很强的专业能力和管理能力，因此能够保证协会有效地促进行业的发展。他们在从事协会工作的同时还可能兼任母公司的工作，并在协会运行过程中维护母公司的利益。另外一种是直接聘用的专职工作者。这些人专职从事协会的组织工作，保障协会的持续稳定运行，并在开会时充当协调者，以第三方的立场促进企业间的讨论和交流。

　　SEMATECH 中的委派员为协会决策提供了丰富的专业知识和行业判断，同时专职工作者的存在又使得协会在需要协调各方利益的时候能够保持一个较为公正的立场。尤其重要的是 SEMATECH 对会长资质的规定：会长不得是企业委派员，而且必须切断与原母公司的所有职务关系，专职担任。由于 SEMATECH 中的十四家企业都拥有平等的权利和义务，一旦会长来自其中某家公司，其他成员将会感到自己的权益受到威胁。因此，唯有当会长是第三方角色，不隶属于任何一家企业时，才能够获得所有会员企业共同的信任。当选 SEMATECH 第一任会长的是最早参与创建英特尔、其时为英特尔公司董事会成员的 N。按照规定，他在当任会长后辞去了在英特尔的职务。SEMATECH 的筹备者在协会成立之初就意识到了创建信任机制的重要性。在行业分散的情况下，规定由企业外人士担任会长，尽管提高了选举会长的难度（部分拥有丰富经营和资历的高管不愿意放弃自己在企业内的职务，因此不愿担任会长），但会长的第三方身份使他能获得会员企业的一致信任，正如 SEMATECH 的筹备者之一所说，这是 SEMATECH 能够顺利发展而不至于因利益分歧而陷入分裂的重要前提。

## 四 从动员到自组织的运作：中西案例的比较

首先，可以看到能人在自组织的动员阶段所发挥的作用差异。与西方行业协会不同却与中国乡村社区中的能人相同，家具协会也是从一个核心人物动员关系开始，逐渐形成一个以能人为核心的关键少数，进而增加会员而扩展出组织的社会网。当然家具协会中除了 Z 是 W 的亲信外，动员的其他成员也是钢木家具业内的朋友，从最初的 12 家，到 54 家，进而扩散到 L 市的更多钢木家具业者。在能人与会员的互动过程中，基于能取得实利的人情交换依旧十分重要，但随着家具协会会员人数的增多，也越来越需要自定规则，所以有了 1500 字左右的协会章程，这和乡村社区中大多靠人情交换及乡规民俗的情况有些不同。SEMATECH 的情况是 14 家利益相关者面对相同的威胁时共同协商，这和奥斯特罗姆研究的美国加州地下水保护协会成立的过程相同，一个城市中主要供水商面对资源短缺时坐下来协商（Ostrom，1964）。她比较了三个流域协会成立的过程发现，唯有在拥有占支配地位的水生产者的雷蒙德流域，协会的成立最为顺利。雷蒙德流域内有多个城市，其中帕萨迪纳市使用的地下水占据总量的一半，达到流域内其他城市使用量的总和。由于地下水枯竭对帕萨迪纳市的影响要比其他城市都大，帕萨迪纳市很早就采取各种措施保护当地地下水（如截留洪水补充水量等），并积极发起谈判促使流域内城市共同限制抽水，最终促成了地下水保护协会的成立和有效运行。而在面积广大、缺乏占支配地位的水生产者的西部流域和中部流域，由于难以形成积极参与的关键群体，协会的成立更为困难并花费了更长时间。同样，N 在 SEMATECH 中也扮演着自治理成功的关键角色，只是这些案例中的自组织不是这些能人动员而来的。

其次，监督机制也呈现出明显的差异。和乡村社区一样，均分是家具协会自治理成功的必要条件，其展览区位的划分与前后位置的安排，都遵循着家具协会会员能接受的公平原则，只是这些是非正式规范。而 SEMATECH 的运作更依赖正式制度，其协会的章程"黑皮书"厚达 4 英寸，对会员的所有公共行为规定得巨细靡遗。家具协会坚持的是"对任何企业、任何个人没有制度要求"，不是去管理成员的行为，而是"去引导""去疏导"。家具协会也有最基本的章程，规定协会的主旨和会员的基本权利义务，但简短得多，大多数情况下协会还是要在人情法则下通过协商取得共识，所以中国的城市行业自组织也有协会章程等正式规范，美国的行业自组织同样有人情交换与非正式规范，只是两者的正式、非正式的比重不一样。

再次，我们可以看到能人在早期的成本投入、引爆趋势以及示范引导上的重要性，其所收获的声誉效果也在以上诸案例中是一致的。但值得注意的是，本土的能人在互惠机制建立过程中同样需要关注均分原则，这似乎是中国自组织最重要的原则。

另外，能人对自组织分合的影响机制上存在差异。乡村社区中政治能人与社会能人合一，使得社会网结构不至于分裂为两个以上的小团体。同样，家具协会在经历前一任的失败治理与现任会长成功地自组织后，已没有可以与 W 竞争的对手，新一届家具协会不但得到了地方政府的认可与各种奖项的鼓励，而且 W 本人更成为县的两会代表，成为政治精英与社会精英合一的能人。这和西方协会纯粹的民间性质有所不同。在奥斯特罗姆的水协会案例中，我们可以看到协会只有在无法解决内部纷争时，才会把争端诉诸司法解决，这时公权力介入，在各争执方了解了判决的可能性时，又会和解，重新协商出治理规则。相反，从 S 村的养牛合作社案例中则可以看到，C 虽然得到扶贫办的项目支持，但得不到村支书与乡政府的支持，所以欠缺合法性，村支书在每一件需要乡政府审批的事情上都给予刁难，所以事情进展得极慢，影响了其他村民加入的意愿。这个案例让我们看到地方政府可以透过审批的权力主动地介入民间自组织的很多方面，使得民间自治的空间得不到保障，因此无法取得政治支持的能人在自组织过程中处处受制。

最后，外来能人的现象特别值得注意。家具协会的能人是"外生"的，而不是像乡村社区能人是"内生"的。因为 W 是房地产商而非钢木家具厂商，所以，在以后协会制定规则，以及他作为协会会长裁决争议时，公平性上很少受到质疑。其实在乡村社区进行经济转型时，也经常有外来的第三方团体或个人作为启动自组织过程的能人，只是进入乡土社会后，这些外来能人一定要依靠本地的能人来动员其固有的社会网才能形成自组织，这和城市中的行业协会有所不同。

## 五　小结：乡村能人现象的特点

从以上多个案例以及云村灾后重建这一案例可以看出，这些自组织有充分外部资源激励，且有一个相对封闭的内部网络以及外部支持性网络共同驱动，形成自组织治理机制，由此可以得出中国乡村社区自组织中能人现象的特点如下。

1. 能人现象的动员过程。与由利益相关者或职业化的精英形成自组织网络不同，中国乡村社区案例中的能人都是某一个社会关系网的核心人物，动员他／她的关系组成一个少数关键小团体，其中能人承担自组织的动员、结构维系、规则设计等职责；同时，能人的角色关系特质决定着自组织与外部资源之间的互动模式。

2. 承担初始成本并获取声誉回报，这点是能人必须具备的特质。为了维护声誉，能人也要尽可能做到"不求回报，回避利益"，但能收获较高的声誉。

3. 与建立制度、正式规范不同，能人在维系自组织稳定发展中要遵循人情法则。在维系私人的道德、熟人关系事务领域，固然需要制定一定的正式规则，但人情法则显现出极强的适用性和实用性。

4. 人情交换在自组织的运作中持续发挥着重要作用，这也就相应地"稀释"了组织的规范化、专业化程度。乡村社区自组织规模小，无须完成共识基础上的制度化，但随着成员的扩充和公共事务的增多，人情法则在自组织的持续运作中暴露出诸多弊端。这时能人只有照顾到利益均等与普适的公正理念才能满足大部分成员的期望。

5. 能人在自组织的分配机制上要保障组织内部的分配公平，不公平是正式制度与内部正式监督机制缺失导致的结果。

自组织研究的第一步就是要问是什么样的关系使得一群人越聚越多。能人现象不是中国独有，奥利弗和马威尔的研究指出，其实任何一个长期的合作结构的产生都会有一个关键群体（critical group），合作形成的社会过程说明，普通成员之间的关系相对影响较小，更重要的是关键群体与被其动员的成员之间的关系。与关系密度相比，社会关系网络的中心性对集体行动产生的影响更明显。当合作的倡导者和发起者位于社会关系网的中心位置时，这意味着他能够通过私人关系接触到大部分其他成员，因此可以更容易地说服其他人加入。与西方理论阐释的"动员精英""关键群体"相同的是，中国乡村自组织中的能人同样会占有优势资源，需要负担初期的成本投入，获取声誉的回报；另外，能人同样要为自组织设定价值与目标，并参与治理规范的制定。

西方国家的合作动员过程是主体在各利益相关个人或集团既相互竞争又协作下，变异为一个权力小集团主导的具备良好议事合作能力的"动员精英""关键群体"，这一过程是在相对多元而法制化的环境中展开。与西方国家不同的是，中国发生的社会转型从一开始到现在，都是在关系社会特质下进行的。这种关系社会并不违背社会结构的作用逻辑，所以中国乡村自组织能人往往是一个既定社会网的中心人物，动员自身的关系组成一个少数关键小团体。

能人的社会经济地位、行为规范等因素也决定他们所动员的社会关系、外部资源与自组织运作机制，也进一步影响能人在社会网络结构内的声誉威望，最终决定自组织是否可以达成合作的目标并长期作用。乡村能人通常具有较强的政治能人色彩，政治能人作为政府与村庄自组织之间的纽带，无法回避面对政治公共权力时的两难境地：有时会选择偏向政府，牺牲自组织的利益；有时偏向社区，阻碍公共权力在社区的渗透。当然这都是一个相对的问题。经济能人在为村庄带来先进经济理念与经济价值的同时，如果过度追求效率和效益则会对自组织产生破坏作用。当经济能人或社会能人能够处理好村庄利益与私利的关系继而取得村民的信任与拥护时，他们可以通过直接选举的制度渠道登上政治舞台，成为混合型能人。表 1 是笔者根据以上的分析等总结的中国乡村自组织中能人现象的独特性，这里的能人现象是存在于自组织运作过程中的动态作用机制的。

**表 1　乡村自组织中能人现象特点总结表**

| 自组织的开始 | 能人现象（社会、政治精英的结合） |
| --- | --- |
| 动员方式 | 关系人脉导向 |
| 自组织的边界 | 以能人为核心的自己人圈子 |
| 权利与义务 | 承担成本—声誉回报—利益回避 |
| 制定规范的角色 | 订立者 VS. 破坏者 |
| 互惠机制来源 | 人情法则 |
| 资源分配 | 均分法则 |

如今乡土社会正在转变，虽然我们的城市行业自组织一样呈现出我们所观察到的能人动员现象、人情交换以及均分原则，但随着城市生活与现代经济的变化，这样的自组织过程会有多少改变需要以后更多的研究加以关注。

## 六 再思：能人与乡村自组织的演化

从历史角度看，在中国传统社会并没有真正意义上的公共社会，在这样的环境下，人们不得不经营以某些人的人脉网为核心凝聚出来的社群以弥补公共社会的匮乏。这类社群是义务取向、关系维系的，其中互惠和人情法则被遵守和发扬，义务取向不是一种主动遵守法律法规的取向，而是互动双方彼此的一种社会期待。因此，这种关系维系不但有道德自觉也有一种社会约束力。可以看到，中国的自组织是在关系社会下发生的。因此，这就要求我们在分析中国的自组织运作现状时，除了具备动态的视角和历史的眼光之外，还必须具备本土特质的思维。

社会管理创新的发展中，重建民间自组织团体，发展自治理机制是其中的关键，而如何促成自组织团体的内部长期合作是自治理的关键。一系列重复赛局实验指出，陌生人间要想形成长期合作十分困难，而且互信建立的时间也非常长，但这一群人内部既有的社会资本可以使他们较快、较易地建立长期合作行为，比如这群人可以相互沟通共定规则，又比如原来就是认识的一群人，来自同一个封闭的团体或有共同认同的一群人。本书的本土案例的分析与比较指出，能人因为动员了自己的关系网，从而形成一个封闭的社会网结构，内部人较易相互认识，并定出共守的规则。这些提供了自组织成功的必要的初始社会资本。

自组织系统的社会网结构与运作机制决定了其中的行为，而这些行为反过来将会影响自组织系统结构的演化。要实现一个自组织系统的进化或发展，一个首要前提就是该自组织必须保持一定的开放度。并且，内部诸要素之间的相互作用以及系统与环境的相互作用，并不是一次完成的，不是一成不变的，它们会以第一次反应的结果为原因发生第二次反应，这样就造成一个立体交叉的动态因果网络，由此而引起自组织系统的不断演化。奥斯特罗姆的研究指出成功的自组织大都是内部成员自主自愿参与，参与是由下而上且积极的，并且参与者定出共有财的使用规则。另一个重要的因素是，参与必须是持久的，管理的规则能够随着环境的改变而改变，这种自我管理能因外部环境的变动而持续发展下去。这些改变都是由共有财的所有使用者共同参与来实现。

在云村的协力重建中，村支书与村民商讨出了一套监督和约束的方法，这样的约束性规范在共有资源供应初期运行得良好。但是在自组织的发展中各种机制的运行并非一成不变，自组织是一个开放的系统，在与外部资源和环境的一次次互动过程中，能人需要不断调整应对规则，并动员成员适应规则并产生新的自组织规范进行应对。

而云村的重建就展示了当自组织内部的规则无法随着网络内外部

的发展变化而变化时，动态的不平衡对规范的影响。笔者认为在云村政治能人带领村民使用完由社会组织提供的共有资源之后，需要村民开始投入私产以及面对大量政府行政逻辑分派下的公共资源时，政治能人没有及时调整规则。当面对村民的理性考量时，政治能人依旧希望用公平均分的方式由村民承担成本，结果遭到各种抵抗和质疑；而当行政力量全面介入时，政治能人退守到政府代理人的位置，经济能人取得准入机会之后使用市场手段运作降低成本和获取效益，自组织内部的互惠机制被彻底破坏，而村庄内部的人情法则又使得政治能人不愿出面得罪少部分利益获得者，因此在这个阶段，云村的自组织重建基本走向分裂。

因而，笔者认为当一次乡村自组织达成阶段性目标之后，如果一直参与制定规则的能人没有能力持续供应新的规范以及与社会结构相融合的新文化秩序的话，自组织无法持续行动下去。能人通过动员自己的关系网，从而形成一个封闭的社会网结构，并定出共守的规则为自组织的成功提供必要的初始社会资本，同时在自组织的演化发展中也扮演着重要角色。能人需要根据自组织的运作规则与内外部环境的变化而进行动态调整，否则将对自组织的可持续发展造成很大的负面影响。

那么云村给了我们什么样的理论启示呢？

首先，这是中西共有的现象，关键群体（critical mass）理论（Oliver & Marwell，1988）有助于我们加深对能人现象的理解。关键群体指集体行动中的发起者和倡导者。由于人们在集体行动中会观察其他人的行动，关键群体的率先投入行为就对集体行动的出现具有至关重要的作用。该理论指出，① 在边际效益递增型的集体行动中，关键群体扮演着承担初始成本的角色；② 群体异质性通常是产生关键群体的重要条件，而在一个相对均质和分散的群体中，社会资本的超量分配就成为促使关键群体积极参与并发起合作的重要激励；③ 群体以声誉和认同的形式为关键群体分配超量的社会资本，从而补偿其在承担初始成本中的付出（Oliver & Marwell，1985）。关键群体可以是利益相关者，其中领导人物最好不牵涉利益，要接受多方的监督，有一套身份规则并确定有多少参与者可以拥有这种身份。

但是中国的能人现象证实了费孝通所说的个人中心的差序格局人脉网，能人一定是通过自己的人脉网开始动员，并利用已有关系进行网络建构并制定规则。动员过程经常就是一个能人带动了一群小能人，小能人又动员自己的人脉网，一个团体就在这样滚雪球过程中慢慢扩张，逐渐成形。同时，能人的社会经济地位、行为规范等因素也决定他们所动员的社会关系与自组织运作机制特点，也进一步影响到能人在社会网络结构内的声誉威望，最终决定自组织是否可以达成合作的目标并长期作用。均分法则的重要性也不言可喻，而公开透明是这个机制能够有效运作的关键。如今乡土社会正在转变，虽然中国今天城市中的行业自组织一样呈现出我们所观察到的能人动员现象、人情交换以及均分原则等，但随着城市生活与现代经济的变化，这样的自组织过程会有多少改变需要以后更多的研究加以关注。

中国人的行为取向是关系导向的，社会中的个体均处在密集有效的网络当中，个体行为更多地受到群体内非正式规范的指导和约束。从这种意义上来说，本书认为中国社会管理的本质是自组织的，但不同于西方的文化传统和制度背景，中国的自组织规则又体现出自身的特色。中国的自组织始于私人关系和私人感情，人情法则显现出适用性和实用性；但随着成员的扩充和公共事务的增多，人情法则在自组织的持续运作中暴露出诸多弊端，只有利益均等与普适的公正理念才能满足大部分成员的期望。如何在人情与均分之间寻找到一个平衡点，如何实现"和"的局面成了自组织的一个难题，这也成为中国自组织总是需要一个权威者来撑起大局的原因。

我们可以看到一个自组织过程的架构——能人在既有社会关系中动员一群人成为关键群体，并有成员持续地加入组成自组织团体，一个边界相对封闭的社会网形成，形成有利于信任产生的社会网结构，大家寻求相互认同，以及在既有的社会规范中建立团体的规范，并与外在的政治、政策环境互动，以找出集体行动的可能性和自身的合法性。最后，这群人有足够的合作能力产生集体行动，遂自定规章制度，产生互惠机制与监督机制，相互监督使得自定规章能够执行，并使集体行动持续（罗家德、李智超，2012）。

基于上述自组织建立过程的分析架构，我们可以看到能人现象及

能人的关系网、动员过程、建立自组织网络的结构、动员中的社会网
动态、社会网的集体记忆与认同、内部的"乡规民俗"、外部的制度
与政治环境，这些因素如何影响信任机制、声誉机制、互惠机制以及
监督机制，每一项都是自组织研究中必须关注的议题。本书只以云村
自组织建房过程中的能人现象为核心，围绕能人分析了其关系网、动
员过程、社会网结构、信任的发展情况，以及能人如何运用乡规民俗
制定自治理所需的规范和发展声誉机制以监督规范的执行。其实分析
架构中的每一个子题都值得深入地、单独地好好研究，并研究它们之
间相互影响的机制，随着更多社区营造实验与案例的收集，我们将拥
有更多的资料，以完整的理论架构细致地来展现一个个更为完整的社
区营造故事。

附录　村民访谈资料编码表

| 访谈 | 村庄 | 编码 | 受访者身份 | 编码 | 次数—受访日期 | 总编码 |
|---|---|---|---|---|---|---|
| IN | 云村 | Y | 村民 | VRCA | 120090515 | INY–VRCA1 |
| IN | 云村 | Y | 村民 | VRCB | 120090517 | INY–VRCB1 |
| IN | 云村 | Y | 村民 | VRCC | 120090527 | INY–VRCC1 |
| IN | 云村 | Y | 村民 | VRCD | 120090606 | INY–VRCD1 |
| IN | 云村 | Y | 村民 | VRCE | 120090514 | INY–VRCE1 |
| IN | 云村 | Y | 村民 | VRCE | 220100507 | INY–VRCE2 |
| IN | 云村 | Y | 村民 | VRCF | 120090531 | INY–VRCF1 |
| IN | 云村 | Y | 村民 | VRCG | 120100506 | INY–VRCG1 |
| IN | 云村 | Y | 村民 | VRCH | 120090217 | INY–VRCH1 |
| IN | 云村 | Y | 村民 | VRCI | 120090217 | INY–VRCI1 |
| IN | 云村 | Y | 村民 | VRCJ | 120090217 | INY–VRCJ1 |
| IN | 云村 | Y | 村民 | VRCJ | 220100325 | INY–VRCJ2 |
| IN | 云村 | Y | 村民 | VRCJ | 320100504 | INY–VRCJ3 |
| IN | 云村 | Y | 村民 | VRCK | 120090217 | INY–VRCK1 |
| IN | 云村 | Y | 村民 | VRCL | 120100506 | INY–VRCL1 |
| IN | 云村 | Y | 村民 | VRCM | 120100505 | INY–VRCM1 |

保罗·F. 怀特利:《社会资本的起源》,李惠斌、杨冬雪主编《社会资本与社会发展》,社会科学文献出版社,2000。

曹锦清:《黄河边的中国——一个学者对乡村社会的观察与思考》,上海文艺出版社,2000。

费孝通:《江村经济》,商务印书馆,2001。

费孝通:《乡土中国生育制度》,北京大学出版社,1998。

黄光国、胡光缙等:《人情与面子:中国人的权力游戏》,中国人民大学出版社,2004。

〔加拿大〕亨利·明茨伯格:特邀演讲 IMPM 课程开幕演讲,中国人民大学主办,2009 年 6 月 1 日。

金太军:《拓展农民合作能力与减轻农民负担》,《华中师范大学学报》2004 年第 5 期。

梁漱溟:《中国文化要义》,上海人民出版社,2011。

林南:第一届国际关系社会学研讨会特邀演讲"民权、社权与政权",西安交通大学主办,2009 年 10 月 3 日~10 月 5 日。

罗家德:《关系与圈子——中国人工作场域中的圈子现象》,《管理学报》2012 年第 2 期。

罗家德:《华人的人脉——一个人中心信任网络》,《关系管理研究》2006 年第 3 期。

罗家德、李智超:《乡村社区自组织治理的信任机制初探——以一个村民经济合作组织为例》,《管理世界》2012 年第 10 期。

罗家德、孙瑜等:《自组织运作过程中的能人现象》,《中国社会科学》2013 年第 10 期。

罗家德、叶勇助:《中国人的信任游戏》,社会科学文献出版社,2007。

罗家德:《中国自组织规则的特色——以灾后社区重建为例》,两岸民间社会与公共参与学术研讨会,台湾静宜大学主办,2010 年 6 月 15 日。

〔美〕杜赞奇:《文化、权力与国家——1900~1942 年的华北农村》,王福明译,江苏人民出版社,1989。

〔美〕弗朗西斯、福山:《历史的终结及最后之人》,黄胜强、许铭原译,中国社会科学出版社,2003。

〔美〕罗伯特·D. 帕特南:《使民主运转起来:现代意大利的公民传统》,江西人民出版社,2001。

〔美〕迈克尔·麦金尼斯、文森特·奥斯特罗姆:《民主变革:从为民主而奋斗走向自主治理》(上),毛寿龙、李梅译,《北京行政学院学报》2001 年第 3 期。

聂晨:《"协力造屋"——农房重建模式与技术》,《建设科技》2009 年第 9 期。

王明珂:《羌在汉藏之间——川西羌族的历史人类学研究》,中华书局,2012。

徐勇:《村干部的双重角色:代理人与当家人》,徐勇著《徐勇自选集》,华中理工大学出版社,1999。

阎云翔:《礼物的流动》,李放春、刘瑜译,上海人民出版社,

2000。

杨国枢:《中国人的社会取向:社会互动的观点》,杨国枢、余安邦编《中国人的心理与行为:理论与方法篇》,桂冠图书公司,1993。

杨宜音:《自我与他人:四种关于自我边界的社会心理学研究述要》,《心理学动态》1999 年第 3 期。

〔意〕维尔弗雷多·帕累托:《精英的兴衰》,刘北成译,上海人民出版社,2003。

翟学伟:《人情、面子与权力的再生产》,北京大学出版社,2005。

翟学伟:《中国人的脸面观——形式主义的心理动因与社会表征》,北京大学出版社,2011。

翟学伟:《中国社会中的日常权威:关系与权力的历史社会学研究》,社会科学文献出版社,2004。

张佳音、罗家德:《组织内派系形成的网络动态分析》,《社会》2007 年第 4 期。

赵鼎新:《社会与政治运动讲义》,社会科学文献出版社,2006。

周雪光:《组织社会学十讲》,社会科学文献出版社,2003。

Akerlof, G. A., 1970, "The Market for 'Lemons': Quality Uncertainty and the Market Mechanism," *The Quarterly Journal of Economics* 84（3）: 488–500.

Axelrod, Robert, 1986, "An Evolutionary Approach to Norms," *American Political Science Review* 80（4）: 1095–1111.

Blau, Peter, 1964, *Exchange and Power in Social Life*, New York: Wiley.

Bourdieu, P., 1984, Distinction: *A Social Critique of the Judgement of Taste* ( *R. Nice, Trans.* ), MA: Harvard University Press.

Buchanan, J. M., Tollison, R. D. & Tullock, G. (Eds. ), 1980, *Toward a Theory of the Rent-seeking Society*, College Station: Texas A&M Press.

Burt, R. and Knes, Marc, 1996, "The Gossip of the Third Party," in R. M. Kramer & T. R. Tyler (Eds. ), *Trust in Organizations*, London: Sage Publications, Inc.

Butler, J. K. and Cantrell, R.S., 1984, "A Behavioral Decision Theory Approach to Modeling Dyadic Trust in Superiors and Subordinates," *Pyschological Reports* 55.

Coleman, J., 1990, *Foundations of Social Theory*, Cambridge: Harvard University Press.

Coleman, J., 1988, "Social Capital in the Creation of Human Capital," *American Journal Sociol Suppl* 94: 95-120.

Cook, K. S., Eric R. R. and Alexndra G., 2004, "The Emergence of Trust Networks Under Uncertainty: The Case of Transitional Economies-Insight from Social Psychological Research," In S. R. Ackerman, B. Rothstein and J. Kornai (eds. ), *Creating Social Trust in Post Socialist Transition*, New York: Palgrave Macmillan.

David M. Kreps, Paul R. Milgrom, John Roberts and Robert Wilson, 1982, "Rational Cooperation in the Finitely Repeated Prisoners' Dilemma," *Journal of Economic Theory* 27.

DiMaggio, Paul J. and Walter W. Powell, 1982, *The Iron Cage Revisited, Conformity and Diversity in Organizational Fields*, New Heaven: Yale University Press.

Ebenhöh, Eva and Claudia Pahl-Wostl, 2008, "*Agent Behavior between Maximization and Cooperation,*" *Rationality and Society* 20 ( 2 ): 227-252.

Francis L. K. Hus, 1981, *Americans and Chinese: Passages to Differences*, Honolulu: University of Hawaii Press.

Garrett Hardin, 1968, "The Tragedy of the Commons," *Science* 168: 1243-1248.

Goldthorpe, John H., Hope, Keith, 1972, "Occupational Grading and Occupational Prestige," *Social Science Information* 11 ( 5 ).

Gordon, H. Scott, 1954, "The Economic Theory of a Common Property Resource: The Fishery," *Journal of Political Economy* 62 ( April ): 124-142.

Granovetter, Mark, 1973, "The Strength of Weak Tie," *American Journal of Sociology* 78: 1360-1380.

Granovetter, M. S., 1985, "Economic Action and Social Structure: The problem of Embededness," *American Journal of Sociology* 91 ( 3 ):

481–510.

Granovetter, M., 2002, "A Theoretical Agenda for Economic Sociology," in R. C. Mauro F. Guillen, Paula England and Marshall Meyer, *The New Economic Sociology: Development in an Emerging Field*, NY, Russell Sage Foundation.

Haken, Hermann, 1983, *Synergetics—Nonequilibrium Phase Transitions and Self-Organization in Physics, Chemistry, and Biology*. NY: Springer–Verlag.

Haken, Hermann, 2004, *Synergetics: Introduction and Advanced Topics*, Berlin: Springer.

Hamilton, Gary, 1990, *Commerce and Capitalism in Chinese Societies*. NY: Routledge.

Hardin, G., 1968, "The Tragedy of the Commons," *Science* 162: 1243–1248.

Hardin, Russell, 2001, "Conceptions and Explanations of Trust," In Cook, Karen S. (Ed.), *Trust in Society*, NY: Russell Sage Foundation.

Hemmer, M., 1999, "Intermediate Organization Revisited: a Framework for the Vertical Division of Labor in Manaufacturing and the Case of the Japanese Assembly Industries," Industrial and Corporate Change, Vol. 8, No. 3, pp. 487–517.

Hwang, K. K. 1987. "Face and favor: The Chinese Power Game," *American Journal of Sociology* 92: 944–974.

Imai, K. and H. Itami, 1984, "Interpenetration of Organization and Market: Japan's Firm and Market in Comparison with the U. S." *International Journal of Industrial Organization*: 285–310.

John K. Butler Jr, R. Stephen Cantrell , 1984, "A Behavioral Decision Theory Approach to Modeling Dyadic Trust in Superiors and Subordinates," *Psychological Reports* 55: 19–28.

Larry D. Browning, Judy C. Shelter, SEMATECH: Saving the U. S. Semiconductor Industry, College Station: Texas A&M University Press, 2000, chapter. 1, 4, 5, pp. 3–30, pp. 75–99, pp. 100–125.

Lin, Nan, 2001, *Social Capital: A Theory of Social Structure and Action*, NY: Cambridge University Press.

Luo, Jar–Der and Yeh, Kevin, 2008, The Transaction Cost— Embeddedness Approach to Study Chinese Subcontracting. In Ray–May Hsung, Nan Lin and Ronald Breiger ed., *Contexts of Social Capital: Social Networks in Communities, Markets and Organizations*, pp. 115– 138.

Luo, Jar–Der, 2011, "Guanxi Revisited—An Exploratory Study of Familiar Ties in a Chinese Workplace," *Management and Organizational Review* 7 ( 2 ): 329–351.

Luo, Jar–Der, 2005, "Particularistic Trust and General Trust— A Network Analysis in Chinese Organizations," *Management and Organizational Review* 3: 437–458.

Maucaley, 1963, "Non-contractual Relations in Business: A Preliminary Study," *American Sociological Review [ASR]* 28 ( 1 ): 55 -67.

McCarthy, John D. and Mayer N. Zald, 1977, "Resource Mobilization and Social Movements: A Partial Theory," *American Journal* of Sociology, Vol. 82, No. 6, pp. 1212–1241.

McCarthy, John D. and Mayer N. Zald, 1973, "The Trend of Social Movements in America: Professionalization and Resource Mobilization," Morristown, N. J . : *General Learning Corporation*: 25–30.

McNutt, Patrick, 1996, *The Economics of Public Choice*, Cheltenham, Edward Elgar.

Milgram, Stanley, 1967, "The Small-World Problem," *Psychology Today* 1: 62–67.

Molson, 1996, *The Logic of Collective Action*, Cambridge ( Mass ) and London: Harvard University Press.

Nahapiet, J. and Ghoshal, S., 1998, "Social Capital, Intellectual Capital and the Organizational Advantage," *The Academy of Management Review* 23: 242–266.

Oliver, Pamela and Gerald Marwell, 1993, *The Critical Mass in Collective Action*, New York: Cambridge University Press.

Oliver, Pamela and Gerald Marwell, 1988, "The Paradox of Group

Size in Collective Action: A Theory of the Critical Mass. II," *American Sociological Review* 53: 1–8.

Oliver, Pamela, Gerald Marwell and Ruy Teixeira, 1985, "A Theory of the Critical Mass. I. Interdependence, Group Heterogeneity, and the Production of Collective Action," *The American Journal of Sociology* 91: 522–556.

Ostrom, E., 1998, "A Behavioral Approach to the Rational Choice Theory of Collective Action: Presidential Address," *American Political Science Association* 92 (1): 1–22.

Ostrom, E., 2008, "Building Trust to Solve Commons Dilemmas: Taking Small Steps to Test an Evolving Theory of Collective Action," in Simon Levin (ed. ) *Games, Groups, and the Global Goody*, New York: Springer.

Ostrom, E., 1992, *Crafting Institutions for Self-governing Irrigation Systems*, San Francisco, CA: ICS Press.

Ostrom, E., 1996, "Crossing the Great Divide: Coproduction, Synergy, and Development," *World Development* 24 (6): 1073–1087.

Ostrom, E., Gardner, R. and Walker, J., 1994, *Rules, Games, and Common-Pool Resources*, Ann Arbor: University of Michigan Press.

Ostrom, E., 1990, *Governing the Commons: the Evolution of Institutions for Collective Action*, New York: Cambridge University Press.

Ostrom, E. 1964, Public Entrepreneurship: A Case Study in Ground

Water Basin Management, Unpublished Dissertation, LA: University of California.

Perrow, Charles, 1986, *Complex Organization: A Critical Essay*, NY: McGraw-Hill.

Powell, Walter, 1990, *Neither Market nor Hierarchy: Network Forms of Organization*, Research in Organizational Behavior 12: 295–336.

Prigogine, I., 1955, *Thermodynamics of Irreversible Process*, NY: Ryerson Presss.

Putnam, 1995, *Bowling Alone: America's Declining Social Capital*, Journal of Democracy, January: 65–78.

Putnam, R. D., 1993, *Making Democracy Work: Civic Traditions in Modern Italy*, New Jersey: Princeton University Press.

Rodriguez-Sickert Tsai, Wenpin & Sumantra Ghoshal, 1998, "*Social Capital and Value Creation: The Role of Intra-firm Networks*," *The Academy of Management Journal* 41 (4): 464–478.

Sally, David, 1995, "Conversation and Cooperation in Social Dilemmas: A Meta-Analysis of Experiments from 1958 to 1992," *Rationality and Society* 7: 58–92.

Scott, Richard, 1998, *Organizations: Rational, Natural, and Open Systems*, NJ: Prentice Hall.

Sheppard, B. H. and M. Tuchinsky, 1996, "Micro-OB and the

Network Organization," in R. M. Kramer & T. R. Tyler (Eds.), *Trust in Organizations*, London: Sage Publications, Inc.

Simon, Adam and David Schwab, 2006, "Say the Magic Word: Effective Communication in Social Dilemmas," Workshop in Political Theory and Policy Analysis, *Working Paper, Bloomington: Indiana University*.

Tsai, Wenpin and Sumantra Ghoshal, 1998, "Social Capital and Value Creation: The Role of Intra-firm Networks," *The Academy of Management Journal* 41 (4): 464-478.

Walder, A., 1986, *Communist Neo-traditionalism, Work and Authority in Chinese Industry*, Berkeley: University of California Press.

Wasserman, S. and K. Faust, 1994, *Social Network Analysis*, Cambridge: Cambridge University Press.

Watts, D., 2003, *Six Degrees: The Science of a Connected Age*, New York: Locus Publishing Co.

Watts, Duncan and Steven Strogatz, 1998, "Collective Dynamics of Small-World Networks," *Nature* 393: 440-442.

Watts, Duncan, 1999, "Dynamics and the Small-world Phenomenon," *American Journal of Sociology* 105 (2): 493-527.

Weingast, B., 1984, "The Congressional-bureaucratic System: A Principal-Agenterspective (with Applications to the SEC)," *Public Choice* 44 (1): 147-191.

Williamson, Oliver, 1985, *The Economic Institutions of Capitalism*,

New York: The Free Press.

Williamson, Oliver, 1996, *The Mechanisms of Governance*, New York: Oxford University Press.

Yamagishi, Toshio and Midori Yamagishi, 1994, "Trust and Commitment in the United States and Japan," *Motivation and Emotion* 18 (2): 129-166.

Zucker, L. G., Darby, Michael, Brewer, Marilynn and Peng, Yusheng, 1996, "Collaboration Structure and Information Dilemmas in Biotechnology: Organizational Boundaries as Trust Production," in R. M. Kramer & T. R. Tyler (Eds.), *Trust in organizations*, London: Sage Publications, Inc.

Zucker, L. G., 1986, "Production of trust: Institutional sources of economic structure," *Research in Organizational Behavior* 8: 53-111.

**图书在版编目(CIP)数据**

云村重建纪事：一次社区自组织实验的田野记录 / 罗家德，孙瑜，楚燕著.—北京：社会科学文献出版社，2014.10
（社区营造书系）
ISBN 978-7-5097-5949-3

Ⅰ.①云…　Ⅱ.①罗…　②孙…　③楚…　Ⅲ.①乡村－地震灾害－灾区－重建－社会调查－汶川县　Ⅳ.①D632.5

中国版本图书馆CIP数据核字（2014）第078176号

·社区营造书系·

**云村重建纪事**
——一次社区自组织实验的田野记录

著　者 / 罗家德　孙　瑜　楚　燕

出 版 人 / 谢寿光
项目统筹 / 童根兴
责任编辑 / 胡　亮

出　　版 / 社会科学文献出版社·社会政法分社（010）59367156
　　　　　　地址：北京市北三环中路甲29号院华龙大厦　邮编：100029
　　　　　　网址：www.ssap.com.cn
发　　行 / 市场营销中心（010）59367081　59367090
　　　　　　读者服务中心（010）59367028
印　　装 / 北京季蜂印刷有限公司

规　　格 / 开　本：787mm×1092mm 1/16
　　　　　　印　张：19.5　字　数：216千字
版　　次 / 2014年10月第1版　2014年10月第1次印刷
书　　号 / ISBN 978-7-5097-5949-3
定　　价 / 69.00元